正向談判

台大管院教授教你善用借位思考，打破僵局達成目標

戚樹誠——著

目次

推薦序一　張志鵬　5
推薦序二　劉育侃　9
序　13

第一部分　前　言

第一章　談判跟我有關嗎？——生活處處是談判　21

第二部分　談判策略與技巧

第二章　談判是什麼？——瞭解談判的本質　41
第三章　我該如何談？——討價還價的藝術　59

第四章　談判一定得是你贏我輸嗎？——把餅做大的方法　79
第五章　小蝦米能不能打敗大鯨魚？——權力不對等下的談判攻防　97
第六章　虧錢賣你啦！——談判中的詐術與謊言　125
第七章　談判不用自己來——找代理人幫忙談判好嗎？　149
第八章　公親不要變事主——第三方的功用　171

第三部分　影響談判的個人因素

第九章　你到底是為誰好？——動機對談判的影響　193
第十章　氣死了，不談了！——情緒對談判的影響　213
第十一章　我就是無法改變自己——性格特質對談判的影響　239

第四部分　結語

第十二章　贏是我的談判目標嗎？——做一個真誠領導者　265

參考資料　286

推薦序一

張志鵬　永豐銀行人力資源處協理

很高興在台灣大學PMBA兩年宏觀多元且緊湊充實的學業中，有幸修習到戚教授開設的「協商與領導」課程，透過精彩個案模擬談判、角色扮演的經驗學習法及戚教授穿針引線的引導，習得談判協商的精髓，著實讓我們這些在職場上身經百戰的企業主管大開眼界顛覆過往談判思維，但課程結束後卻又意猶未盡，終於盼到了戚教授將長期以來在國內外研究成果與經驗，付梓完成了這本《正向談判》的智慧的結晶，有幸早先讀者們細讀了初版，篇篇精彩實用，閱畢後一股衝動，即想立即躍進談判戰場上，大展身手！

協商與領導的關係

初聞「協商與領導」，以為協商和領導本是兩個不同主題，然在戚教授的課程與書中改變了過往對談判成功的印象，非要爾虞我詐，伶牙俐齒不可，戚教授給了指引應以超越輸贏的心智，來面對談判這盤局；一個成功卓越的談判者，就應是一位真誠領導者，堅持正確的倫理與價值觀，和對手共創最大價值。管理大師柯林斯在經典著作《從 A 到 A+》一書中提到第五級領導人個性謙遜為懷、具有堅強的專業意志，方能建立起組織企業恆久的卓越性，這觀點也正是戚教授在本書中，想要帶領讀者，堅持正確的價值觀，透過合作、從心出發、給予、原諒、愛的心態輔以談判知識與技能，在談判中成為一個真誠的領導者。

生活處處是談判

我從事人力資源管理近二十年的時間，面對的都是處理人的問題，遇過無數的溝通協調，往往發生於雙方立場、堅持利益不同而談判，幾乎每天都需要和同事與主管、勞方與資方、求職者與雇主、客戶與顧客、甚至孩子與家人間進行無數次的溝通，當面對談判、對立、衝突或爭執時，我們常陷入「輸贏零和」心態，導致無法心平氣和共創價值。最顯而易見的，「當主管是請求、或要求、或命令部屬完成一項任務」，我認為這就是談判的開始，彼此之間的角力與內心想法開始有了不同的變化。在主管心目中，也許會因為這個人過去的能力、個性、特質甚至信譽等，先入為主有了一開始的預設立場；而部屬心中的OS又更多了：「why me?」、「我手邊還有很多事，老闆是否找我麻煩」、「太棒了，我又獲得老闆的肯定」、「我要做到什麼樣的程度，老闆才滿意」……諸如此類，雖部屬本來就是接受主管指派工作、完成任務，但如沒有一個共創雙贏的，共同要把餅做大的共同理念，長期下來，只會讓彼此雙方的信任感漸漸消失，終究雙輸。

成功談判方程式 翻轉結果

的確把餅做大，是談判另一個全新大格局的思維，談判不只是零和，也絕非權力大者恆勝，有機會共同創造價值，最終能翻轉結果。從戚教授課堂上及書中，體悟一位成功職場的協商者，在生活大小事情順利正向應對，可依循談判成功方程式：「**談判知識×技能+性格**」；在本書中給了正確的談判知識，爾後透過親身實戰歷練、磨練淬練技能，「知識」乘上「技能」，這是一個相乘的概念缺一不可，就像孫悟空七十二變技法，面對不同挑戰能靈活有效運用，克敵制勝；最後加上「性格」，性格屬於冰山下的自我概念特質較難改變，但戚教授在書中給了帖方，不同性格巧妙融合談判知識與技能，一樣能在談判場上無往不利。

談判成功別無他法，掌握正確的談判知識觀念，實戰提升技能，從心出發，擁抱愛與關懷，常保同理心，一起共創社會最美好的平和與價值。

推薦序二

劉育侃　宜錡科技營運與總管理處副總經理

台大PMBA（經營管理碩士）畢業後，有幸擔任戚教授的助教，陪伴學弟妹重溫「協商與領導」課程，每次都更深入體會到如能運用課程內容的思維，對日常工作與生活有多大的幫助。個案結束後的分享，都能觸動大家親身經歷的回想，激起更熱烈的討論，也反省自己若重新來過是否當初的專案，有更好的替代解？有更多雙贏或三贏的可能？每次教授開課期間，班上同學總會找教授詢問或分享：

「教授，以前的我以為談判要用話術，我這個人口才不好，從來不以為我會跟談判扯上邊，上完您的課才知道談判未必都是用口才，談判其實無所不在。」

「教授，我用了您教我們的整合談判——把餅做大，我與多年有嫌隙的同事和好了，整個部門氣氛變好也更好溝通了。」

「教授，我剛買房子，在與對方議價時想起教授說的要了解對方底價與需求，我告訴對方我買房原因是要接父母到附近居住，這附近只有這個房子符合父母需求，也坦承資金不足，希望對方讓價，結果對方答應了，因為他重視居住多年的房子與鄰居，覺得我們會是好鄰居，他可以安心賣給我們。這真的是意外之喜，原來每個人要的不同，可能不只是價格。」

同學們的分享還有更多例子，不勝枚舉。

其實，在台大第一次上戚教授的「協商與領導」課程，一開始我就對課程名稱有點想法：「協商」與「領導」放在一起只是為了MBA課程才牽扯上的嗎？協商、談判這個我們每天都在做的，也自認為駕輕就熟的項目，需要領導什麼？這個疑問直到整個課程結束，我才明白，教授要教我們的不是「談判技巧」，而是一種

「思維與態度」。所以用「談判」不足以概括這個課程，用「協商技巧」也不夠，如此命題為「協商與領導」才真的能涵蓋教授在此課程帶給大家的，是由只爭一時輸贏（WIN-LOSE）心態，提升至促進雙贏（WIN-WIN）的視野、並養成領導思維的高度。

「協商與領導」課程教給我們的，不是爭一時的利益（多砍價或多掙幾個百分比），而是將輸贏與策略結合的完整心法交給大家。如果能將這種思維帶入工作中，你會因運用這種思維，考慮：自己的目標、上司或下屬的想法與需要、客戶的可能反應與底價，讓專案規畫更完整。這更好的整合了做專案規劃需要考量的內部環境與外在環境的因素及人們的反應，當你知道雙方的底價及選擇（協議外替代解），就不會落入被動的情境。當真正專案推到客戶端或市場時，會更容易成功，因為客戶的需求與痛點我們都考慮到了。所以請放下過去你上過的談判課或是溝通技巧課，這本書不會教你話術詭辯，無須好口才，也能達成設定的談判目標！

也許你還沒有機會親自上戚教授的課，那麼這本「正向談判」將是很好的入門書，帶您建立全方位的協商思維模式，領略沒有壓力的談判方式，讓目標推動更順利。藉由瞭解這種思維模式加上個案演練，讓領導管理深入骨髓成為你的特質。

序

我對「談判」這個議題開始有興趣專研可以回溯到二十年前，我因為參加一個國際會議 Academy of Management Meeting 結識了美國范德堡大學（Vanderbilt University）的佛德瑞教授（Professor Ray Friedman），由於我們都想要針對文化議題進行研究，當年我就邀請他參與我的國科會計畫，共同探討華人與西方人在衝突管理上的差異。那時，剛好國科會正在規劃「研究營」活動，目的在舉辦一系列演講，邀請國際頂尖學者來台，而我是其中一位負責人，透過佛德瑞教授的介紹，我邀請到西北大學（Northwestern University）的珍布萊特教授（Professor Jeanne Brett）擔任講座。珍布萊特教授是談判研究的頂尖學者，來台期間，在我和博士生熱情接待下，她對台灣留下深刻的印象。幾年後，在她的協助下，我前往西北大學凱洛管理學院（Kellogg School of Management）的爭議處理中心（Dispute Resolution Center）進行為期半年的訪問研究，這半年中，除了研究之外，我重新回到學生時代，參與他們的課程，學習談判課程的進行方式，並且協助翻譯了一些他們的個案。

回台後，我在大學部開授「領導與衝突管理」這門課中，放入談判模擬個案，讓同學進行演練，幾次下來我感覺這種教學方法的確可以幫助同學進行有效的學習。然後，我在管理學院ＥＭＢＡ班也開授了談判課程，相較於大學部或碩士班一般生，對有豐富工作經驗的企業主管或是企業主來說，如何讓他們從課堂中，學到一些不同的談判觀念與想法，是作為老師的一大挑戰。在教了幾屆ＥＭＢＡ與復旦班後，我開始把重心放在本校進修推廣學院的課程上，在那裡我認識了許多有心向學的實務界人士，我除了在學分班與研習班開授課程外，進修推廣學院近年設立ＰＭ（經營管理）學程，我開授了「協商與領導」課程，由於班級人數較少，上課的流程較易於掌握，我跟學生的討論更為豐富，讓原本嚴肅的談判，轉變為輕鬆有趣的深度學習之旅。

對於談判我的心得是，我們必須先進行自我覺察，「我真正關切的是什麼？」「為什麼我在意這些？」然後，同樣重要的是，我們要從對方的角度來思考，「對方真正關切的是什麼？」「為什麼他會在意這些？」對大多數人來說，我們比較清楚自己的需要與需求，但問題是我們常常不會站在對方的角度看事情，以致於我們無法理解為什麼對方會那麼想。也正因如此，我們難以跟對方達成一個同時滿足雙方需求的協議。不過也有很多時候，我們其實並不瞭解自己到底要什麼，此時，談判是我們認識自己、發掘自己動機與需求的一個機會，透過這個過程，我們將更瞭解自己，也更知道自己應不應該與對方達成協議，以及應該如何與對方達成協議。當然，影響談判結果的因素不只是自己和對方，外在環境與相對權力態勢很大程度地決定了談判的可能走向，這對談判的任何一方（尤其是居於劣勢的一方）都是必須留意的，因為錯估情勢不但讓我們無法獲致預期的談判結果，更可能因為過度樂觀而錯失談判先機。

我很榮幸有機會將一些談判觀念跟大家分享，希望這些知識能夠幫助讀者成為一位成功的談判者。這本書是從談判的基本概念開始，然後進到各個不同的主題，我加入了一些自己的生活經驗，並且設計了情境劇場，希望透過平易近人的方式來介紹談判的理論概念以及相關的研究發現。本書第三、四部分我加入了蠻多自己的看法，我讓自己不以一個學術工作者的角度來講述談判理論，而是分享我自己的體悟，以及我個人心中「卓越談判者」的圖像。

我要謝謝這段期間我周圍的家人、朋友、同事、學生，有你們的支持，給予我努力撰寫這本書的動力。在此，我特別要感謝幾個人，首先是台大財務金融系廖咸興特聘教授，廖教授在擔任進修推廣學院院長期間，對我談判課程的支持，讓我能夠自由揮灑我的教學想法，並且有足夠的資源完成此一課程。謝謝我過去的同事黃崇興教授，他在擔任管理學院 EMBA 執行長期間，給我相當的支持，在此致上由衷的感謝。我還要借此機會感謝天下文化的許耀雲小姐，她是我在美國就讀博士期間的同窗好友，在我撰寫此書的過程中，耀雲給予我許多寶貴的建議。謝謝我的學生傅紀虹小姐，因為紀虹的牽線讓我認識聯經副總編輯陳逸華先生，促成了這本書的誕生。謝謝聯經涂豐恩總編輯以及他優秀的團隊：玉佳與所有幕後工作同仁，沒有你們的付出，這本書不會有這麼美好的呈現。另外，我要謝謝我的太太以及兩位女兒，有妳們的全力支持讓我沒有後顧之憂，專心完成這本書，我書中提到的一些例子，是全家共同的回憶。

最後，我要將所有感謝獻給上帝，由於祂豐富的賜予，才能成就今日的我，我深信，瞭解談判的真正目的是要讓這個世界變的更為美好、更為和睦，由衷期盼這本書能夠帶給讀者正面的影響，激發出正向的談判思維，以此共勉。

戚樹誠　於台北住所

二〇二二年六月二十七日

第一部分

前言

第一章

談判跟我有關嗎？生活處處是談判

生活處處是談判

我們常聽到「談判」這個名詞，有些人喜歡它，非常享受與人協商、「喬」事情的樂趣，有些人則非常討厭它，巴不得一輩子都不要碰到它，但是無論如何，我們都必須接受，談判是你我生活的一部分這個事實。我們在店家與老闆商議商品的價格、在工作上與客戶確認每年固定到期的合約續約問題、與同事協調工作的分配、跟主管討論目前工作量過多的狀況、在生活中與家人規劃下一個假期的旅遊行程、與朋友一起決定週末要如何度過、與室友商量公共空間要如何維持整潔，或許你覺得這些情形都沒有到達「談判」的地步，但如果說，店家老闆堅持不給你任何的折扣（但別家店類似的商品都有折扣）；你的客戶表示，明年的合約有一些額外的要求需要納入條款中；你的同事認為他已經很忙，不願意配合；你的主管說，你的工作份量只是剛好而已，並不比其他人多（但你覺得明顯你的工作量多很多）。

或是，家人想要去的旅遊地點你完全沒有興趣；朋友對休閒方式的想法與你南轅北轍；室友是一個沒有整理房間習慣的人。這時候，光是想到要進行這些「確認」、「協調」、「討論」、「規劃」、「決定」、「商量」，就讓你一個頭兩個大！你腦中想著，如果你是一位天生的談判專家，或許這些事就可以輕而易舉地迎刃而解。不過，這本書要傳達的訊息是，沒有所謂天生的談判專家，當你越瞭解談判的精髓，你就越能夠在需要的時候掌握它。

談判情境劇場

生活中常見的十種談判情境

1. 上街購物

店員：要不要買一件？

顧客：價錢太貴了！

店員：你如果喜歡，今天有優惠，我可以幫你打折。

顧客：（有些猶豫）我考慮一下。

店員：明天就沒有優惠了，機會難得，喜歡就帶一件吧！

顧客：……

2. 室友間為了清潔問題爭執

甲：你的習慣太差了吧！每次吃完飯碗都沒洗！

乙：沒有啊，我都有洗。

甲：明明就常常沒洗。

乙：哪一天？前天我是因為趕著上課，回來時，碗已經洗掉了，不能怪我啊！

甲：……

3. 家人決定假日旅遊地點

爸爸：週末連假我們全家去台中玩？

媽媽：不要，我們找個有風景優美的地方，去爬山好了！

女兒：我才不想爬山，我想去吃美食。

兒子：我跟朋友有約好週末一起玩線上遊戲，你們去好了。

爸爸：……

4. 男女朋友對相處時間多寡意見不一

女：你最近都沒有花時間陪我！

男：我工作很忙，又不能怪我！

女：你可以跟老闆說你要早點下班啊！

男：我老闆才不會答應！而且，重要的是相處的品質，而不是時間，不是嗎？

女：……

5. 鄰居夜間太吵

住戶：你們晚上的音量太大，可不可以小聲點？

鄰居：有嗎？我只是開正常的音量。

住戶：但是我在房間都聽的到你們的說話聲。

鄰居：拜託，我不可能在家都不說話啊！我看是你太敏感了吧？

住戶：……

6. 馬路上汽車與機車的擦撞事故

機車騎士：你是怎麼開車的？

汽車駕駛：是你剛剛太靠近我的車，才撞到的。

機車騎士：我就是往前騎啊！我看是你技術太差。

汽車駕駛：你才技術太差，明明就是你撞我的！

機車騎士：……

7. 上司希望部屬於週末補班，但部屬當天已經排好家庭行程

部屬：我週末無法補班，因為已經跟家人約好出遊。

上司：但當天有外國客戶要聯繫事情。

部屬：如果事先跟我說，我可以來補班，現在臨時說，全家人的行程都要變動。

上司：這個客戶只有週末有空，而且這是你的業務範圍。

部屬：……

8. 同事做事很慢，連累到你的工作進度

你：動作快一些好嗎？這樣會影響進度。

同事：奇怪，自己管自己的事，不要管到別人的工作。

你：但是你這樣會影響到我。

同事：你自己趕不上進度還怪我？

你：……

9. 客戶要求公司降價，否則就要取消訂單

公司：時間到了，這個月怎麼還沒訂貨？

客戶：你們的價格太高了，我們打算改訂其他廠商。

公司：但是這個價格已經很久了，而且我們都一直沒有漲價。

客戶：對我們來說，成本太高了，除非你們降價，不然我們會換別家進貨。

公司：……

10. 調解朋友糾紛

調解人：你們兩個不要再吵了，這只是小事一樁。

甲：他居然在別人面前說我小氣，太過份了。

乙：最近我手頭比較緊，只是一頓飯也要計較。

調解人：好了，好了！

甲：我只是講一個事實，他已經不是第一次了。

乙：我終於看清楚他的真面目了。

調解人：……

談判知識與技能的活用

我們常常看到知名的談判案例是有關於國與國之間，或企業與企業之間，談判者彼此較勁、竭盡心思解決雙方的歧見，最終達成協議，似乎這些複雜的談判案例才需要精準的分析與協商技巧。那麼，對於我們一般人來說，學習談判有那麼重要嗎？談判與我們日常生活有那麼相關嗎？

其實，無論是你要說服一位同事願意與你一起討論出合理的工作分配，或是你要與一位沒有整理房間習慣的室友協調出一個可行的方式，讓你可以有一個舒適的生活環境，在在都牽涉到與談判有關的知識與技能。如果能夠對談判有更多的瞭解，並且活用出來，將可以大大提升我們在工作上與在生活上解決問題的能力，並且擴展我們看待人際衝突與解決衝突的想法與作法。

我該怎麼做？

努力瞭解談判的知識與技能，以提升工作上與生活上解決問題的能力。

談判既是一門科學也是一項藝術

在我們的生活經驗中，談判常常不是一件令人愉悅的過程，它裡面牽涉到複雜的過程與起伏的情緒，因為不是只有一個人，而是必須與另一人或者更多人進行溝通；不是你認為如何就如何，而是對方也必須要接受。而且，往往談判過程會經歷一段不短的時間，在這段期間中，你必須有耐心，一方面與對方保持某種互動關係，另一方面又需要等待合適的時機，來獲致彼此都能接受的解決方式。我們打從心裡希望著，最好能夠有個立即有效的處方，讓我們可以快速解決問題。雖然這個良方看似很難得到，不過，多年來累積的科學研究成果，已經提供了我們一些原理原則可以遵循，這些談判知識可以幫助我們對於談判有一個系統性的架構可以參考。[1]

從另外一個角度來想，談判也可以說是一項藝術，因為當你在運用談判的原理原則時，不可避免的必須做出一些選擇，很多時候這些選擇並沒有什麼對錯，而是決定於自己，什麼代表你真正心裡想要達到的，最終也成就了別人眼中的你。

談判之外的其他選擇……

在開始我們的談判之旅前，我要先提到一件很重要的事，這件事甚至在很多時候比你瞭解如何談判還更重要。這件事就是，在你與他人談判之前、在你的公司與另一家公司進行談判之前，或是在進行談判的過程中，都需要思考一下，你為什麼要跟這個人談判？你的公司為什麼要跟這家公司談判？你可以不跟這個人談判嗎？你的公司可以不跟這家公司談判嗎？如果不跟這個人、不跟這家公司談判，對你自己、對公司會有什麼影響？

針對這個問題，一九八一年的一本談判著作《哈佛這樣教談判力》（*Getting to Yes*）提出了一個劃時代的觀念，這個觀念改變了許多人的談判行為。[2] 作者費雪（Fisher）和烏利（Ury）提到談判者應該認真思考他的**協議外最佳替代解**（Best

Alternative to a Negotiated Agreement，簡稱BATNA）。這是指什麼呢？協議外最佳替代解是指如果談判者沒有能夠與對方達成協議的話，有什麼其他可能的替代方案？在這些替代方案中，什麼是最佳的選擇？說直白一些，就是你如果不跟這個人談判，你還有什麼其他的選擇？你的公司如果不跟這家公司談判，你的公司還有什麼其他的選擇？在這些其他選項中，什麼是最好的？重要的是，在談判前或談判中，談判者要比較這次的談判與協議外最佳替代解之間，何者比較好？以此來決定是否要繼續談判；還是選擇不繼續談判，而以協議外最佳替代解作為選項。

我用購車為例來說明這個概念，假設你在一家中古車行看上了一台車，打算跟銷售員商議車價，所謂的協議外最佳替代解就是，如果你沒有能夠與車行的銷售員針對這一台車達成最後的協議（買賣成交），這時候你還有什麼其他的選擇？譬如在另一家車行，你也有看中其他的車。那麼，在所有其他選擇之中，哪一個是最好的？更重要的是，你應該對這個最好的選擇的價格是多少有所掌握，這個價格就可以說是你在這次談判中的「協議外最佳替代解」。為什麼要特別強調這個觀念的重要性呢？讓我用一個自己親身的失敗例子來說明。

我該怎麼做？

在談判前或談判中，總要思考你最佳的替代方案是什麼。

一次教訓

我在二〇〇八年七月前往位於美國芝加哥的西北大學（Northwestern University）進行研究，當時我有獲得傅爾布萊特（Fulbright）獎學金，接待我的是一位知名的談判學者珍・布萊特（Jeanne Brett）教授。我們全家抵達芝加哥、搬入一間公寓之後，我就希望能夠儘速安頓下來，讓日常生活就緒。在美國，出門幾乎都必須開車，所以，買車就是必要的。我給我自己三天的時間，這三天每天都必須要租車，但是我不希望一直租車，因為如果沒有買到車，我就得一直支付租車的錢。因此，我每一天都帶著太太和兩個女兒，拜訪一家家的中古車行看車，然而，因為時差的關係日夜顛到，越看越累，而且一直沒有看到合適的車；直到第三天，我終於看到一輛滿意的車，不過，那時我已經沒有力氣與對方談價錢了。我的談判對手是中古車行的銷售員，當時又沒有像現在的網路那麼方便，我手邊並沒有該年份車款的相關資訊，以致於雖然我殺了一點價（算是安慰自己），但是當時的我並沒有一個其他的替代解，更何況是一個「協議外最佳替代解」，因此在談判上是很吃虧的。很快，我就接受了對方的還價，解決了我當時的困境。

還好，事後來看，我很幸運的買到一台車況很好的TOYOTA中古車。在美七個多月的時間中，這部車都非常夠力，回台前也順利脫手，賣了個好價錢。所以，整體來說，算是還不錯的決定，只是事後想想，我在沒有一個好的協議外最佳替代解之下必須做出決定，這在談判來說，是很不利的作法。

切記，談判者永遠不要將自己置於一個沒有後路的情況中，在沒有其他好的替代方案之下，你就只得與目前的談判對手達成一個協議，而這個協議很可能對對方比對你自己來得更有利。

我該怎麼做？

切勿將自己置身於一個沒有後路的談判情況。盡力找到非常好的替代方案，讓你可以在談判中隨時瀟灑地離開談判桌。

你確定要上談判桌嗎？

總結以上，對於任何要上談判桌的人，在談判前以及談判中一定要思考的是，除了跟對方談以外，我還有哪些選擇呢？對於這些選項，哪一個是我最好的選擇？如果是買某一輛車或某一型車款，你其他的選擇是什麼？車價多少？哪個車款？如果是與同事溝通工作分配問題，你其他的選擇是什麼？如果選擇其他的途徑，你會得到什麼結果？如果是跟一位好朋友攤牌，將你對對方的不滿講清楚，你其他的選擇是什麼？如果你選擇其他的方法，你估計將會得到什麼結果？如果你在找工作、如果這家公司沒有錄取你，你其他的最好選擇是什麼？這個選擇跟目前這家公司何者較佳？好在哪裡？唯有清楚瞭解你的協議外最佳替代解，你的談判過程才可以隨你的意繼續或終止。否則，當你沒有後路時，唯一的選擇是跟對方談，結果便是你很可能會被對方牽著鼻子走。

好，當你清楚你要與對方進行談判，要坐上談判桌，你需要裝備好基本的談判知識與技能。我們現在就開始來探索談判吧！

第二部分

談判策略與技巧

第二章

談判是什麼？

瞭解談判的本質

談判的定義

首先，我們先給談判一個定義，來界定這本書的主題。談判是指什麼呢？學理上，談判是指兩方或兩方以上，各方有不同的偏好，但也有些偏好可能是相同的，為了達成某種共同的決定，所進行的溝通過程。換言之，談判牽涉到人與人之間的溝通，而且需要共同做成決策，如果單方面就可以做決策並且予以執行，完全不需要其他方的參與，就不是這裡所說的談判*。另外，如果每一方的偏好完完全全是相同的，這時候也不需要所謂的談判，因為大家一定都會立即認同所提的方案，不需要來回的協商與溝通。

根據這樣的定義，談判之所以存在，是因為談判的各方有一些屬於自己的偏好（preferences），這些偏好彼此是不同的，因此需要透過談判，來找出一個談判各方可以共同接受的方案。這裡，談判者的偏好反映了談判者的某些需要（wants）或是需求（needs），這些需要或需求是他們所在乎的，是他們希望能夠得到滿足的，我們將談判者所在乎的東西統稱為他們的利益（interests）。

以下，我們將用購車來說明談判的雙方如何透過談判，來滿足他們各自的利益。一位購車者對於汽車各項特性的偏好，都會影響他的談判行為，也就是影響他與汽車銷售人員的溝通過程及最終成交結果，我們將利用**底價**（reservation price，又稱為**保留價**）** 與**目標價**（target）*** 這兩個概念來說明談判者應該如何獲取對他最有利的談判結果。

---

* 廣義來說，與自己的談判（negotiate with yourself）也包括在談判的範疇，也就是包括自己對不同想法間的取捨與自我協商。

** 又稱保留點（reservation point）或底線（bottom line）。

*** 又稱期望水準（Aspiration）。

你想要獲得什麼？

假設有一位剛進社會工作的社會新鮮人某甲，因為工作的關係，他有了購車的需要與需求，他想要去購買一部車來代步。以購車為例，舉凡廠牌、價格、載客數、車內空間、外型、性能、油耗量等，都可以算是購車者的利益所在。理想上，如果這位社會新鮮人這次的購車經驗能夠滿足他所有的利益，將會是他最佳的談判結果，但是實際上，談判結果未必能夠滿足他所有的利益。因此，清楚自己在談判中要的是什麼，以及每項需要與需求的重要性與優先順序，是非常重要的，否則，將會得到一個自己不想要獲得的協議結果。

我該怎麼做？

思考自己想要從這次的談判獲得什麼。

針對各項需求，你要清楚你賦予它們的權重以及各項需求的優先順序。

以下，為簡化分析，我們假設某甲在一家中古車行（我們姑且稱它為快捷車行）看到了一部除了價格以外其他特性他都很滿意的車款，只剩下車子的價格需要進行談判，這時候，當最後成交價格越低，表示他最後獲得的利益越高；反之，如果最後成交價格越高，表示他最後獲得的利益越低。

某甲與快捷車行銷售員的購車談判，可以作為**分配談判**（distributive negotiation）的範例。在分配談判中，談判雙方的價值總和是固定的，一方的獲利將會是另一方的損失，這時候，談判的餅的大小是固定的，無法增大，這就是大家常說的**贏輸談判**（win-lose negotiation）。在接下來的章節中，我們將會開放這個限制條件，進一步討論**整合談判**（integrative negotiation），也就是通常說的**雙贏談判**（win-win negotiation），其焦點是如何把餅做大。不過，我們目前先將焦點放在如何在分配談判中獲得較大的利益。

我的底線是什麼？

在任何一個談判裡，你都要想好你的底線是什麼，如果牽涉到價格，我們通常稱之為你的底價。回到購車的例子，假設某甲受限於預算，他最希望的購車成交價是二十萬元，而超過二十七萬元他就沒有意願購買。汽車銷售員除了為公司賺取利潤外，也希望為自己賺取較高的銷售傭金。汽車的標價是三十萬，銷售人員希望以三十萬元成交，低於二十五萬元他便沒有意願賣出，但是某甲並不知道銷售員可以接受的最低價。依照上述的價格，某甲與銷售員之間存在一個**潛在協議區間**（zone of potential agreement，簡稱ＺＯＰＡ），在這個區間的二十五萬元到二十七萬元之間，成交是可能的。而二十五萬元是銷售員的底價，二十七萬元則是某甲的底價，對銷售員（賣方）來說，低於二十五萬是無法接受的，對某甲（買方）來說，高於二十七萬是無法接受的；而他們之間的談判結果極有可能會介於二十五萬與二十七萬元之間。（見圖）

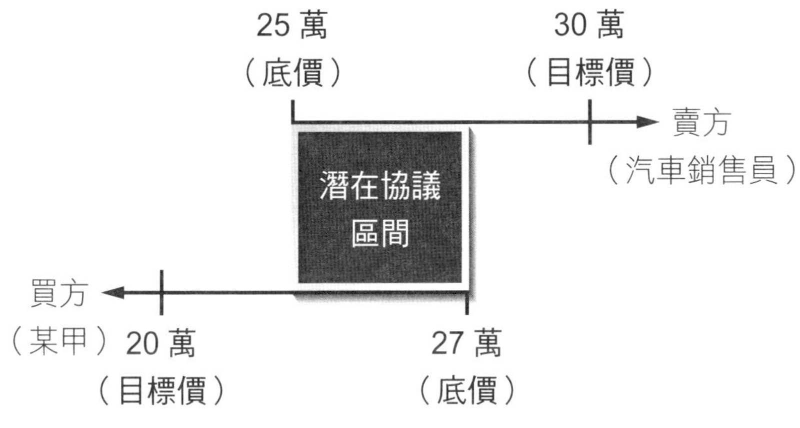

圖一　潛在協議區間圖

底價是我們要守住的最後價格，在買賣汽車時，它是買方或賣方所可以接受的最高或是最低價格；如果是室友之間在協商清潔問題，某位室友的底線可能是，每位室友至少每週要輪值清潔一日。如果談判的議價到達了某一方的底價或底線，這時候對於這一方來說，接受這個方案與離開談判桌其實是沒有差異的。所以底價或底線又被稱為**離開點**（walkaway point），因為超越此點，談判者將無法獲得他所希望獲得的價值。

我該怎麼做？

你要清楚你的底價，並且守住它。

不過，這裡要留意幾件重要的事：一、底價可以是主觀的數值，而不一定永遠是客觀的數值；二、你對某一位談判對手的底價與你對另一位談判對手的底價有可能是不同的；三、底價有可能會隨著談判的進行而改變。

首先，**底價不一定是客觀的數值**，這是什麼意思呢？為什麼底價會是主觀的數值呢？我們舉個例子來說，當你要去跟一位屋主談房屋的售價，他開出了一個價格（這是他的出價），而他的心中有個底線，這個底線就是他的最低售價，存在於他的心裡，別人不見得知道。當然，有很多時候底價是真實的客觀存在，你的主管給你一個底價去跟客戶談判，公司授權銷售人員可以成交的最低價格，如果你是部屬或是代表公司的銷售人員，這個底價便是你必須要堅守的底線。

其次，**針對不同的談判對手，你的底價可能會不同**。例如，A是你長久往來的客戶，你對A的底價就會比一個第一次進行交易的談判對手來得優惠。也就是說，對於不同的談判對手，你需要設定針對各個對手的底價，因為這個底價將會影響你的談判思路與出價行為。

再其次，**談判的底價會隨著談判過程的演變而改變**，例如，在談判過程，你越來越信任你的對手，你會給他較為寬鬆的底價；或是你越來越不信任你的對手，你則給他較為嚴苛的底價，以免未來成交後你需要付出額外的成本。

我要如何訂定我的談判目標？

除了底價以外，你還要確立你的談判目標，如果牽涉到價錢的話，我們通常稱為你的目標價。以上面的例子，假設某甲的目標價是二十萬元，銷售員的目標價是三十萬元。目標價的存在有什麼作用呢？目標價可以引導談判者朝向目標來努力，進行你來我往的溝通與說服，所以，有個明確的目標是非常重要的。然而，談判者有時候在目標的訂定上過於樂觀，但有時又過於悲觀，到底我們應該如何訂定目標價呢？先來看看下面的談判情境。

談判情境劇場

在家具行的殺價

店家：你好！有沒有看上什麼中意的家具？

顧客：（看到標籤上寫著五千元）這個五斗櫃賣多少錢？

店家：五千元。

顧客：老闆，算便宜一點？

店家：（心想這個家具的進貨成本是兩千元，加上管銷費用後，成本大約兩千五百元）這是很好的材質，你可以看它的表面，抽屜內層也都有做特別的處理。如果你要的話，我算你便宜一些，八折給你，四千元。

顧客：（心想自己原本的預算是三千八百元）還是太貴了，我再考慮看看。

店家：真的很便宜了，這個價格你買不到這樣的產品。

顧客：三千五百元，就這樣了。

店家：（表情看起來很無奈）好吧，今天算你三千五百元，但你不要跟別人說我賣你這個價格。

在上面的談判情境劇場中，店家的底價是兩千五百元，目標價是五千元；顧客的底價是三千八百元，但他似乎沒有想好他的目標價。這個例子中的潛在協議區間介於兩千五百元到三千八百元之間，最後成交價是三千五百元，成交價距離顧客的底價只有三百元，距離店家的底價則有一千元。雖然顧客感覺商品降價了一千五百元，對於店家來說則是賺了一千元。假設最後成交價是三千一百五十元（也就是兩千五百元到三千八百元的中間點），那麼顧客與店家將分別獲得潛在協議區間中一半的價值。

假設顧客將目標價訂在兩千五百元，並且積極出較低的價格，最後的成交價將會距離他的底價較遠，距離店家的底價將會較近，是對顧客來說較佳的作法。也

就是說，在一個分配談判中，想要最大化己方的利益，應該是以對方的底價來訂定你的目標價。為了獲得最大的利益，如果你能夠估計出對方的底價，這時候你應該以此資訊來訂定你的目標價，如此就可以拉大最終的成交價與自己的底價之間的差距，同時縮小最終的成交價與對方的底價之間的差距。

我該怎麼做？

你要以對方的底價來訂定你的目標價。

之前提到我在芝加哥買了一部中古車，當我準備回台灣時，我在網路上登出賣車的訊息，我的協議外最佳替代解是我如果把車開進 CarMax 門市（一家專門買賣中古車的大型車行），我可以在不到一小時就完成鑑價而且拿到車款。我記得曾經有一位操印度口音的人打電話給我，想要買我的車，他在電話中出了一個價錢，他出的價錢約略等於 CarMax 在網路上對於同款車型及類似車況的價格，外加五十美金，他說這五十美金可以讓我省去開車去 CarMax 的麻煩，而且我可以當場在自家樓下立即拿到現金。顯見這位印度人做足了功課，因此他以（他估計）我的底價作為他的目標價，以此價格試試看我的出售意願，不過當時我並沒有選擇把車賣給他（因為我後來等到了更好的出價）。

專注目標價的利與弊

一般來說，訂定一個目標價，並且朝著這個目標前進，將有助於談判者獲得較佳的談判結果，這個說法是有科學根據的。目標設定理論（goal-setting theory）告訴我們，一個人有目標會比他沒有目標來得更有激勵效果，清晰且具挑戰性的目標，也會比含糊不清及不具挑戰性的目標來得更有激勵效果。[3]因此，作為一位談判者，你應該要認真的思考如何設定你的目標價，以明確的目標價來進行談判。尤其是在分配談判中，以對方的底價來訂定你的目標價將可以讓你獲得最大的利益，如果你能夠成功達成自己的目標的話，將可以分到最大的餅。不過，在這裡也要提醒一件事，如果你過於專注目標價，而忽略了其他的重要事項，可能連最小的餅都無法獲得。例如，你可能會因為目標的驅使，而忽略對方的感受，讓對方感到你咄咄逼人，完全不考慮他的立場，將會導致他不願意與你進行交易。另外，學者奧利佛（Oliver）、貝理（Barry）及巴拉克里許南（Balakrishnan）的研究指出，談判者會不自覺地將談判結果與他們原先的期望水準（目標價）做比較。[4]換句話說，即使是客觀來說是同樣的談判結果，兩位不同的談判者可能會有不一樣的主觀感受。原來的期望水準（目標價）越高，自己會越不滿意目前的談判結果；原來如果沒有太高的期望，反而會覺得能夠成交就很好了，這正反映了「期望越高，失望越高」的道理。

我該怎麼做？

在談判時，你也要同時考慮對方的感受，不要一味的專注於目標價的達成。

充分準備是關鍵

在分配談判中，一方的利益便是另一方的損失，雙方利益的總和是不變的，不是你贏就是我贏，贏多贏少就看各自的努力了。對於分配談判，最有效的談判者是那些做足功課的人，唯有充分的準備，才能夠在議價過程中占居上風。至於你要準備什麼？什麼資訊可以幫助你獲得最大的利益？你必須做的功課包括：你要充分評估自己的協議外最佳替代解與底價，除此以外，你要盡可能瞭解談判對手的協議外最佳替代解與底價，並且設定你的目標價。如此一來，才可以掌握此次談判的潛在協議區間的大小，並且獲得較大的利益。

我該怎麼做？
準備、準備、再準備，唯有充分的準備才能獲致談判成功。

另外，值得一提的是，這裡我們是以價格作為例子來討論，但除了價格以外，其實談判也有可能是針對非價格議題進行來回協商。譬如談判雙方對於「時間」沒有共識，一方希望越早越好，另一方希望越晚越好，這也是一種常見的談判議題。

在離開這個議題前，在這裡還要提一點，或許你的人生經驗告訴你，分配談判存在於很多的場景裡，許多的談判都是類似非贏即輸的情況，沒有所謂的雙贏。不過，其實如果我們更深入的思考每個情境，這些狀況未必如此。在生活中、在工作中，有很多我們原本以為只是非贏即輸的情況，都可能有獲致雙贏的可能性，我們將在後面的章節好好的探討這個議題。那麼，分配談判這種談判方式到底在哪些情境最為適用呢？大致來說，當雙方只進行一次性的談判，不會有再次談判的機會，成交後雙方也不會再有交集，也就是彼此的關係並不在考慮的範圍內，這時候，談判者是可以將整個談判過程視為一種分配談判，盡可能的追求利益最大化。然而一旦談判者未來與對方還有機會見面，彼此的合作關係是長久的，這時候，談判者都不應該單純以分配談判來思考。因為極大化己方利益的作法，極可能引起對方的不悅，進而在下次見面時，影響雙方的談判氣氛與談判過程。換言之，我們必須審慎判斷使用最大化己方利益的分配談判策略的時機，並評估此一作法可能的後續影響。

第三章

我該如何談？討價還價的藝術

談判就像與人共舞

在過去的社會裡，去市場買菜或是去商店，隨時都需要跟商家討價還價，同樣的蔬菜，你買的價格跟旁邊那位女士可能就不同。不但如此，老闆還會送蔥給她，卻沒有給你！出價與還價可以說是每天都在鍛鍊的功課，反過來說，今天無論在便利商店、百貨公司或是購物網站，一般雙方都是按照標價進行交易。一個典型的你來我往的過程，在達到最後的結果前，各自都希望爭取對自己最有利的結果，因此談判常被簡化為一個「討價還價」的過程。已故學者芮法教授（H. Raiffa）將此一來回討論的過程稱為談判舞蹈（negotiation dance），[5]形容談判就像舞者之間彼此來來回回，共同完成一支美妙的舞蹈。在談判過程中，你和你的談判對手要能夠達到最終的協議，會進行一連串的出價與還價行為，這其實不是件容易的事。

互惠規範：討價還價成功的背後原因

在這個過程中，人際的互惠規範（norm of reciprocity）是一個重要的支撐原理。[6]所謂的互惠規範是指，在社會上，人們對他人所表達的善意舉動，如讓步或給予好處，一般來說會以善意來回報對方；對他人的傷害，一般來說則會以敵意或甚至報復來回應。因此，在討價還價的過程中，如果你做了某種程度的讓價，你會期望對方也做出相對應的讓價，例如，以某甲購車的例子來說，如果他一開始出價二十萬，之後他願意提高出價到二十四萬，他會希望銷售員也可以展現出降價的誠意。

互惠規範的實際影響

為了說明互惠規範的影響力，談判學者瑪何特拉（Malhotra）與貝哲門

（Bazerman）在他們所著的《談判天才》（*Negotiation Genius*，暫譯）一書中提到以下的例子。[7]美國的一個貿易協會（national trade association）做了一個問卷調查，研究人員將問卷發放的方式隨機分為三群，一群會員沒有收到任何金錢獎勵，這群人的問卷回收率為二〇・七%。針對第二群會員，研究人員跟他們說，如果回覆填妥的問卷，填答者將收到五十美元獎勵，結果有二三・三%回覆。第三群會員則是連同問卷直接寄給他們每人一美元，作為象徵性的獎勵，結果有高達四〇・七%的會員回覆，明顯高於前兩者。這個結果很明顯違反了傳統經濟學的預測，因為不但一美元明顯的低於五十美元，而且不論第三群的會員是否回覆問卷，他們都已經拿到了錢。

這個例子顯示，即使是我們做出了象徵性讓步（token concession），**這個讓步會帶給對方某些回應的壓力，迫使他採取某種相對應的行動**。在華人社會中，所謂的禮尚往來，就是類似的人際交往原則，有的時候我們會很在意回禮是否價值相當，但有的時候我們更在意的是對方的心意，所謂禮輕情意重。回到前面的購車例

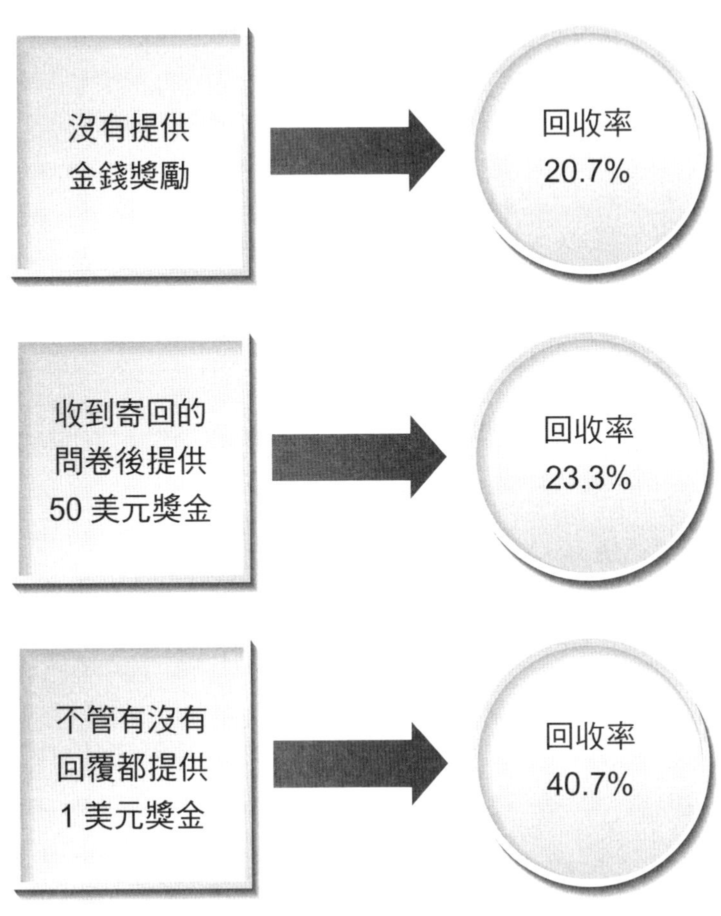

圖二　貿易學會的問卷回收率與獎金

子，當銷售員做出了某種讓價的行動時，某甲就會因為銷售員的讓步，而產生進一步回應的傾向，經過一番思索，或許他就做出決定而達成購車交易了。

我該怎麼做？

適度的讓步，會讓對方有互惠的良好回應，進而達成談判。

議價時要留意什麼？

互惠規範為討價還價建立了基本的人際互動基礎，它影響著談判雙方對於彼此的預期，也影響著雙方出價與還價時可能產生的結果。這個規範給我們什麼啟示呢？以下有三點提醒：

1. 避免單方面讓價

當對方出價時，不要在己方讓價之後，因為對方還沒有回應你的讓價或是他不願意回應你的讓價，而一再做出讓價的行動。如果你一再地單方面讓價，對方會認為你非常渴望成交，對價格沒有什麼堅持，而利用你的不安感來迫使你讓步，以致於失守潛在協議區間中可能可以屬於自己的部分。

我該怎麼做？

自己讓價後，耐心等待對方的回應，別因為沒有回應而繼續讓價。

談判情境劇場

客戶：我們今年的採購價格還是跟去年一樣，一件一千元。

業務人員：可是最近原料成本一直在上漲？

客戶：唉呀！都合作那麼久了，還是就維持原來的價格。

業務人員：沒騙你，至少應該漲個一百元，反映成本。

客戶：漲一百元？原料成本明明就沒有太大的波動。

業務人員：那至少也漲個五十元。

客戶：（非常堅持的表情）這樣吧，要漲明年再說，今年就照過去的價格。

業務人員：意思意思，漲個三十元如何？

客戶：（假裝沒聽到）那就按照原來的價格，明天就交貨。

業務人員：（無奈的看著對方）好吧，那明年一定要漲喔。

從上面的情境劇場中，客戶一再地堅持他的出價，不論業務人員再怎麼說，客戶就是無動於衷。反之，當客戶一再堅持時，業務人員卻一再地讓步，退到最後完全棄守，這樣的讓價行為是絕對要避免的。因為業務人員讓客戶覺得他完全沒有其他選擇，也非常容易被說服，到了明年，客戶將會故計重施，繼續堅持他的價格，獲取他的最大利益，業務人員明年漲價的期望很可能又要落空。

還有一種情況是，對方一直沒有回應你的讓價，這時候你千萬不要有讓價的衝動，主動跟他說你要再讓價更多。反倒是，你應該主動詢問對方，瞭解他的想法，有可能他最近很忙沒有時間回覆你，也有可能他還在思考如何回覆，你可以讓他知道，你很有誠意的在等候他的回應。

當然，如果對方最後以進一步的讓價來回應你，你可以考慮也進一步讓價，彼此展現誠意，朝向雙方都接受的價格邁進。但是如果你收到的答覆是對方清楚表示他不願意讓價，而對你來說，你也已經到達讓價的極限，這時候你可能要考慮離開談判桌，選擇你的替代方案了。不過，在離開之前，不妨跟對方說明你的情形，你實在沒有任何進一步退讓的空間，你也很有誠意完成交易，希望能夠找到雙方都接受的價格，看看他的回應是什麼，再做出最後的決定。

2. 注意倫理界線

前面提到的購車例子，是一個單純的買賣交易，讓價本身並不會涉及倫理道德的問題。然而，有許多企業之間或企業與政府之間的交易，牽涉到龐大的利益，任何一方的些微讓步，可能都會帶來很大的損失或利潤，負責談判的人有可能會面臨到利益的誘惑，而接受對方的賄賂。尤其，在華人社會中，講求關係可以說是文化的一部分，所謂的「有關係就沒關係，沒關係就有關係」。不過，在商業談判時，講求關係往往與堅守倫理原則常是一線之隔，**今天對方的略施小惠，可能意味著明天的鉅額利潤，這裡面不但有倫理上的爭議，甚至有可能涉及法律上的不當行為，不可不慎。**

反過來說，如果你想要提供小禮物，表示你的心意，你可以在第一次見面時帶一杯星巴克咖啡或公司紀念品，並且公開表明這是表示你的誠意，並沒有期望對方做出什麼回報。然而就像前面提到的問卷調查的例子，你帶來的小禮物有可能就會帶來意想不到的談判氣氛與結果。

我該怎麼做？

可以透過貼心的小禮物，展現出自己的誠意。

3. 親友間的討價還價

前面提到的人際互惠原則適不適用在親友之間的「討價還價」？或是親友之間存在什麼其他的原則呢？就這一點，華人社會尤其重視圈內人與圈外人的區別，家人之間或是朋友之間當然更要重視禮尚往來，因此，什麼關係應該有什麼樣的禮數與回報，是非常講究的。例如，無論是過年的紅包應該包多少，還是參加婚禮應該包多少，如果沒有包的得體，都會留給對方不好的印象。我們會在後面章節談到談判各方之間的長期關係對於談判的影響，在此先暫時不談。現在我們單單討論比較單純的、一次性的交易狀況，例如說，你有一個沒有用過的名牌包想要問朋友有沒有人有興趣購買；或是你在某個旅遊地點，買了一個台灣熱銷的保健食品，想要問問親友有沒有需要。這時候，你的出價與一般商業上的出價行為有何不同呢？在學理上，有兩個不同的概念，一個稱為**稟賦效應**（endowment effect），一個叫做**寬厚效應**（generosity effect）。我們先說前者，稟賦效應的說法是，**賣方總是認為自己的產品具有的價值超過別人認為的價值**，[8]例如，在整體房屋市場不景氣的時候，雖然房屋的買氣變差，但是房屋的屋主卻不願意降價求售，因為屋主們認為自己的房屋價值超過市場價格，不願意忍痛割愛；而買方則認為，市場價格就是如此，當然不願意付出比市場價格高的價錢來購買。不過，以寬厚效果的說法則是相反，反而**賣方願意以比市場更低的價格賣給買方**。

一項研究驗證了朋友之間存在寬厚效應，學者曼德爾（Mandel）研究朋友間的買賣，[9]他發現當朋友要賣東西給對方，對方願意付出某個價格，賣方會希望對方降低價錢（而不是提高價錢），甚至說他乾脆要送給對方。這代表了朋友與親人之間的友誼與親情，跟一般的商業交易關係是很不一樣的。我們會以不同的人際互動準則來面對不同的情境，對於珍貴的朋友或是親人來說，我們使用的互惠原則不同於我們面對其他人所使用的原則。但要注意的是，當交易物件的價值非常高的時候，例如汽車或房屋，就算是家人或摯友，也一定要事先講明某些合適的原則與程序，以免未來破壞了難得的親情與友情。

我該怎麼做？

自己身為賣家時，注意稟賦效應，留意是否高估自己的商品價值。

對待家人或朋友時，注意寬厚效應，以免因價錢而傷了感情。

別忘了協商談判的主觀性

我們前面用了許多篇幅討論出價與還價、潛在協議區間，以及協議外最佳替代解等，這些都是分析談判的客觀結果時很重要的影響因素，不過，我們也不要忽略談判者的主觀感受。試想，假設你到了一家原木家具行，看上一個有藝術造型的桌子，上面標價兩萬元，你心想如果買回去剛好可以放在進門口，非常氣派。老闆這時候走了過來跟你打招呼，寒暄了幾句以後，他說這些家具都非常有質感，而且今天你是第一個客戶，一定會給你特別的優惠價。你很心動，這時候，你跟他提到旁邊的這個桌子，老闆再次強調桌子的品質很耐用、又美觀，你想了一下，就向他出價四千元，你正在猶豫這個價錢會不會出的太低，顯得你很沒有行情概念，沒料到，不到兩秒鐘，老闆馬上回答，好啦，今天因為你是第一個上門的顧客，就做個人情給你，賣了！這時候你很開心嗎？一點也不會！為什麼？因為你覺得老闆這麼快就答應你的出價，一定是你出得太高了！你後悔為什麼不出的更低一點，也許三千元他就會賣了，甚至二千五百元！

假設同樣的情形，一樣的桌子，一樣老闆說你是今天第一個顧客，他會給你特別的優惠，但是當你出價四千元皺了皺眉頭，跟你說這個桌子的品質有多好、設計有多麼講究，講了許久之後，跟你說今天要不是你是第一個顧客，實在不能賣太便宜，就賣你九千五百元，這樣來來回回，你又出了價、他又還了價，最後假設你們以七千五百元成交，成交後老闆還一副非常懊惱的表情說，今天他都沒賺到錢，是做個人情給你，希望你多多介紹顧客給他。實際上，以七千五百元成交，比起以四千元成交，老闆多賺了三千五百元，但是你的感覺如何？你覺得這個老闆對你很好，給你這麼大的折扣，你真是賺到了，用一個好價錢買到了一個自己很喜歡的桌子，開心的回家了。

這個例子告訴我們什麼，**客觀的數值固然很重要，但是主觀的感受也很重要，談判者不但要追求客觀的價值最大化，也要盡可能讓自己與你的談判對手都感到非常滿意**。當然，這點並不容易，因為在談判中，你來我往的過程常常是對立的，而且你希望獲得對自己最有利的結果，很難同時顧到對方的感受。

我該怎麼做？

作為談判者，你不但要追求客觀的價值最大化，也要盡可能讓自己與你的談判對手都感到非常滿意。

增加談判時的滿足感

1. 不要太快接受對方的出價

格林斯基（Galinsky）和他的同僚研究讓價行為的影響，[10]他們發現，如果談判者的第一次出價立刻就被對方接受，他們對協議結果的滿意度比起出價被對方接受的時間較晚的那些談判者來得較差（前者較為不滿意），原因是他們從對方的快速接受時間判斷，認為自己有可能可以得到一個更好的價格。如同前面的例子，你如果太快就接受對方的出價，會讓對方覺得他其實可以獲得一個更好的價格，而後悔他的出價。你立即的回應代表你不需要思考就接受對方的出價，晚一點回應代表你有經過理性的思考，你的還價比較可能是所謂公平合理的出價。如果你是出價的一方，如果對方太快就接受你的出價，你將會五味雜陳，一方面你很高興他很快就接受你的出價；但另一方面，你可能隔一下就會進行所謂的「反事實思考」（counterfactual thinking）。如果你是買方，你可能會想說：「早知道我就應該出更低的價錢！」如果你是賣方，你可能會想說：「早知道我就應該出更高的價錢！」這樣的反事實思考將引發後悔、不安、難過的情緒，在成交後，你可能會因為心理不平，到處宣洩不滿情緒，與家人朋友訴說這次不愉快的經驗，或在網路上分享訊息。當然也有可能因為面子問題，你會把此次經驗藏在心裡，成為一個自我學習的教訓。

2. 不要一次做太大的讓步

除了時間之外，讓步的「量」也是另一個重要的因素。你如果為了滿足對方的期望而做了極大的讓價，這樣反而會讓對方錯誤地認為你還會做更大的讓價，因此對你予取予求。當你並沒有進一步讓價時，他反而會轉為失望、憤怒，質疑你為何沒有再做出讓步。所以，如果你打算以較大的讓價作為談判策略時，你要準備好你的說詞，在做出大讓步之後，向對方解釋為何你會做如此的讓價，讓他理解你是考慮到對方的立場，希望節省雙方的談判時間與精力，以期快速達成協議。而且同時說明為何你不可能再有更進一步的讓價空間，希望他願意接受你目前的出價，就此達成協議。

3. 彼此尊重

在討價還價的過程中，相互尊重是非常重要的。尊重，是做人基本的道理，更是談判雙方應該有的基本應對原則。具體來說，你應該讓對方有充足表達意見的機會，回應你的想法；同樣的，對方也應該讓你有表達意見的機會，回應他的想法，雙方進行理性的溝通。即使你比你的談判對手具有更大的權力（你是他的主管，或你們是大型公司，而對方是眾多的供應廠商之一），你也要在談判過程中保持謙虛的態度，不要心存傲慢。當你不尊重對方，對方會感到不舒服、心情不好，結果將會影響到他成交的意願，進而可能導致破局。

4. 引導對方做合適比較

人與人的比較常常是影響主觀的態度與知覺的關鍵因素。假設你跟朋友分享剛剛在網路上買到了一個很便宜的首飾精品，你的朋友可能會潑你冷水說，他曾經買到更便宜的，這讓你原本喜悅的心情頓時涼了一半。不過，你要注意的是，有可能這位朋友其實買了很多更貴的商品，只是他沒有告訴你罷了，為的是要凸顯他的談判技巧比你好，或是顯得更有面子。

如果你的談判對手跟你提到其他人的類似情形時，他便是在進行比較，試圖影響你的觀點或是出價。研究指出，[11] **談判者對談判結果的滿意程度是來自於主觀的社會效用（social utility），而不是來自於客觀的經濟效用**。至於談判者要如何面對這種比較心理呢？你應該讓你的對手瞭解這次的談判結果與他提到的狀況的不同之處，跟他解釋你們的談判結果將會帶給他的價值與優點，讓他認知到這次結果的重要性。

第四章

談判一定得是你贏我輸嗎？

把餅做大的方法

創造價值

前面我們用實際的例子來說明分配談判，也就是非贏即輸的談判，現在我們要說明如何在談判中把餅做大、創造雙贏。在分配談判中，談判雙方的價值總和是固定的，一方的獲利將會是另一方的損失，因此談判的餅的大小是固定的，無法增大。然而在整合談判中，談判各方透過談判過程，有可能可以創造價值（create value），以致於讓最終談判結果各方所獲得的價值總和，比起個別談判者原本所主張的價值加起來更大。這怎麼可能發生？怎麼可能總和價值會增加呢？

我們前面說到，每位談判者都有各自的偏好，他們的偏好反映了各自所在乎的某些需要或是需求。我們先假設目前只有兩位談判者：買方與賣方，而且他們只在乎價錢，其他方面都不在乎。買方與賣方的偏好恰好是對立的，賣方希望價錢越高越好，買方希望價錢越低越好，這時候，餅的大小是固定的，不是買方多一些利益，就是賣方多一些利益，最後的價錢決定了各自的餅的大小。那麼這塊餅要如何變大呢？雙方的利益總和不是就剛好等於個別的利益加總起來的價值嗎？

答案是，這塊餅要變大的來源（或可以說是「秘訣」）在於談判雙方對於不同偏好的權重是不同的。雖然買方跟賣方都在乎最後的成交價格，不過，除此以外，如果買方在乎其他的議題（像是交貨時間），賣方也在乎另外一些議題（像是付款方式），而且，相對來說，買方沒有那麼在乎賣方的議題，而賣方也沒有那麼在乎買方的議題，也就是，雙方對於這些議題的偏好是不同的。例如，買方對於交貨時間的權重比較高，對於付款方式的權重比較低；而賣方對於交貨時間的權重比較低，對於付款方式的權重比較高。若是雙方能夠經由談判，達成某一種協議，使得各自提高他自己所偏好的價值，那麼整體而言，談判的結果將可以獲得價值的創造，所增加的部分，就是雙方把餅做大的部分。換言之，**談判雙方透過取捨（tradeoffs）來得到較多自己比較在乎的事項，而用自己比較不在乎的事項來交換**，這便是整合談判的精髓。

我該怎麼做？

我可以用自己比較不在乎的事項交換自己比較在乎的事項，以獲致雙贏。

談判雙方彼此取捨具體的意義是什麼呢？舉例來說，我有一位博士生的博士論文使用租屋的屋主與房客間的談判來探討情緒對談判的影響[12]，屋主方是以事先拍好的影片來呈現，是由研究人員所扮演的，房客則是不知情的實驗受試者，他們要進行網路上的議價。我們事先設計好屋主的偏好數值，其中包括各個關切的議題都賦予屋主的權重值及賦予的點數；而我們也提供了房客對於每個議題的權重值及賦予的點數，但是房客並不知道屋主方的權重值與點數。在進行議價的過程中，我們給予受試者幾次問問題的機會，讓他可以探詢屋主的偏好以及對各議題重視程度的優先順序。在談判結束後，我們分析談判結果的最終價值，其中包括屋主與受試者個別所獲得的價值，以及兩者加總的價值。當受試者做到最佳的取捨，他與屋主的談判結果就會是創造最多價值的結果，也就是把餅做的最大的談判者。

為了讓我們的討論更廣泛地解釋各種談判情境，以下用家人決定假日旅遊地點的例子來說明如何透過取捨來創造價值。

談判情境劇場

家人討論假日旅遊地點

媽媽：這個週末，我們全家去陽明山。

女兒：（一臉無奈）不要，我週末已經約了同學一起去KTV。

媽媽：（失望的表情）但是我們好久沒有全家一起活動，而且爬山對身體好。

女兒：我同學週末生日，我一定要去KTV參加她的生日派對。

媽媽：為什麼每一次我們要全家出遊，妳都有事？

女兒：因為你們都找我有事的日子出遊啊！

兒子：不要吵了，討論出遊也要弄得不愉快？姐，妳KTV是幾點？

女兒：我們約下午兩點，同學們會陸續到。

媽媽：既然如此，我們可以一早出門，妳遲到一點也沒關係。

女兒：我不要早起，好不容易週末可以睡晚一點。而且我們要幫同學慶生，一定要準時到。

兒子：妳們KTV訂哪裡？

女兒：台北東區，華納威秀附近。咦，如果我們去爬象山，應該就來得及！

媽媽：太好了！我好久沒有去象山了，那邊風景很好，空氣又新鮮，就這樣決定吧！

在這個例子中，原本媽媽和女兒覺得她們各自的偏好沒有交集，爬山和去KTV好像只能夠兩者擇一，兩人甚至因此有情緒性的怨言，『為什麼每一次我們要全家出遊，妳都有事？』、『因為你們都找我有事的日子出遊啊！』。這時候兒子一句不經意的插話，『姐，妳KTV是幾點？』讓雙方開始朝向問題解決的方向前進。媽媽提議一早出門，女兒晚點赴她和同學的聚會，但是女兒則不希望一早起床，也不希望遲到。兒子又一句插話提供了整合的可能性，『妳們KTV訂哪裡？』這句話帶出一個嶄新的討論焦點：地點。原本如果是去爬陽明山，女兒勢必無法準時趕到聚會地點，象山則距離台北東區很近，又有捷運可以到，同時可以滿足媽媽想要爬山的需求（運動對身體好、空氣新鮮等），也滿足女兒想要去同學聚會的需求（準時幫同學慶生）。不過，為了滿足雙方的需求，媽媽和女兒也都有做出部分的讓步，媽媽原本希望的行程將會縮短（兩點以前女兒一定要趕到聚餐場地），女兒則必須在週末一大早起床（這樣大家才有足夠的時間爬山）。

類似上面的例子常常存在於我們的生活當中，我們可以從看似對立的需求，轉為同時滿足雙方的整合結果，達到雙贏的局面。然而，經驗卻告訴我們，多數談判都是以贏輸談判做收，難以達到創造價值、把餅做大的結果。在實務上，談判者要順利進行取捨絕對不是一件簡單的事，因為談判者會有防衛的心態，不願意跟對方合作。如何能夠破除防衛心態、朝向問題解決的方向來前進，雙方的互信是關鍵。

整合談判的基礎：互信

談判雙方需要存在基本的信任關係，才能夠彼此進行正向的溝通，進而創造價值、達成雙贏。我們與談判對手即使不認識，通常還是會彼此保有基本的人際信任水準。在談判的一開始，雙方的信任關係還是維持在談判前的關係，可能是陌生人之間的關係、業務往來關係，或者原先是普通的同事關係，也可能是親近的朋友關係。當談判開始以後，由於彼此的立場互異、偏好不同，很有可能在溝通中會產生火花，甚至會有一點誤解，衍生出不信任感，若是一方做出破壞關係的舉動，都會被放大解讀，加深另一方對他的負面印象。所以，**在言談間，談判者需要留意用字淺詞，以誠實為基礎，營造良性的互動關係。**你可以善加使用前面提到的互惠原則，在合適的情形下做出善意的表示，讓對方感受到你的誠意，並做出相對應的回應。

我該怎麼做？

談判時，與對方建立互信的關係，用字遣詞展現誠意。

如果你不經意做出了破壞互信的舉動，這時候不要期望對方會很快釋懷，可以給他一些時間平復心情，並且找機會對你的行動表達歉意或做出解釋外，更要仔細聆聽他的想法、瞭解他的顧慮，進而修復雙方的互信關係。相對的，如果對方做出了破壞互信的舉動，你除了給自己時間平復心情外，也應給予對方解釋的機會，瞭解他背後的動機，然後再決定是否接受他的理由，並重建雙方的互信關係。

以權宜合約打破僵局

談判雙方常因為卡在彼此對未來存在不同的看法，以致於無法有進展，甚至以破局收場，這時候，擬定**權宜合約**（contingent contract）便是一個有效的解決方法。權宜合約常見於營造合約中，業主與營造業者針對某個工程案擬定合約，裡面包括工期、價格、施工品質等事項。如果業主很在意如期完工，因為牽涉到銷售及融資等問題，任何的延誤都是損失；對營造業者來說，工期的掌握也是很重要的，不同的施工項目需要不同的機具設備以及人員數量。不過，由於天氣是一個難以掌控的因素，甚至大環境因素也會影響到人員的調度，因此，雙方有可能對於工程延誤所造成的賠償問題有各自的堅持。為了解決這個問題，以免談判破局，往往在營造合約中會納入一個仲裁條款，雙方同意在未來如果有爭議發生時，委由某仲裁機構或仲裁人來處理，這樣就可以在事前有效降低對未來的不確定性，也避免了雙方因為不同的認知所導致的破局可能。

我該怎麼做？

當我與對方對未來存在不同的看法時，尋找一個雙方都可以接受的解決方法。

類似前面營造合約的例子，在談判中，可以先請雙方各自就預期的未來情況會如何發展加以描述；然後，對於未來可能造成影響的相關因素進行協商；最後，將這些狀況及協商後的結果納入最終協議中。譬如，如果未來某事件發生的話，甲方願意支付乙方X元，如果未來某事件沒有發生的話，乙方願意支付甲方Y元。**有了權宜合約，雙方達成協議乃是建立在「同意彼此的不同」（agree to disagree）的基礎上。**

哈佛大學貝哲門教授是提倡權宜合約的重要學者，貝哲門教授認為權宜合約有助於促成談判雙方達成整合協議，尤其對於瀕臨破局的談判者來說，更應該努力嘗試透過權宜合約來解決雙方立場不一致所產生的困局。[13]不過，他也指出，權宜合約並非所有談判的萬靈丹，而是必須建立在以下的基礎之上：

1. 談判雙方必須有持續的互動

由於權宜合約的執行，有賴談判雙方依照約定來完成，因此，雙方持續保有良好的互動關係是必要的。如果談判者只想要進行單次的交易，而不期待後續的互動，這時候權宜合約便不適用。

2. 權宜合約的訂定必須考慮到可執行性

由於權宜合約考慮到未來的風險與不確定性，而以具體的條款來「對賭」，如果A方的估計是正確的，B方應該支付某個金額；如果B方的估計是正確的，則A方應該支付某個金額。然而，如果其中一方無法確保另外一方在未來會依照彼此的約定履行承諾，這時候權宜合約也是無法適用的。

3. 權宜合約必須是透明的

雙方都必須能夠清楚觀察與衡量對方的行為，這樣，當未來的情況持續發展下，任何的隱瞞或謊言可以被揭穿，權宜合約才能夠確實被執行。例如，假設討論某產品代理權的談判雙方對於該產品未來的市場性有不同的估計值，一方認為該產品一定會受到消費者高度肯定，另一方則不這樣想，此時便非常適合訂定權宜合約條款。然而，如果某一方會有欺騙的行為，未來便難以執行原先雙方所約定的支付金額。

我該怎麼做？

為解決雙方對未來的不同看法，我和對方所找到的解決方法必須是在雙方持續互動下，可以確實執行且是透明的作法。

不要放棄尋找整合的可能性

以上我們介紹了創造價值的意義，以及如何進行整合談判的關鍵。雖然這些原則在實務上並不容易做到，但是，談判者如果能夠在談判前多做準備，在談判中多問問題、適度地揭露訊息，並且明智地進行取捨，就有可能將原本非輸即贏的談判轉變為雙贏的談判。《談判的藝術》（*The Art of Negotiation*，暫譯）一書作者魏勒（Wheeler）指出，談判的藝術乃是如何在獲取有利於己的價值同時，也讓對方得利，這是有智慧的談判者所應該追求的目標。[14]

我該怎麼做？

在獲取有利於己的價值的同時，也讓對方得利。

《哈佛這樣教談判力》一書是改變實務界對於談判觀念的重要著作，作者費雪、烏利及佩同強調，一旦固定餅假說（fixed- pie hypothesis）被打破，就有可能創造價值。[15]但是，你想要創造價值，就需要瞭解對方的利益及偏好，唯有如此，才能夠提升雙方的價值。怎麼做到呢？他們建議使用**原則談判**（principled negotiation）來解決談判雙方的意見紛歧。為什麼稱為原則談判？原因是，談判雙方常會陷入立場之爭，如何才能夠跳脫立場？如何把對立的立場轉為朝向利益的努力呢？協商某些原則將是可能的解決方法，但談判雙方要如何協商出彼此都接受的原則來進行談判呢？以下是一個常被引用的例子：在圖書館中，一個同學希望把窗戶打開，因為這樣通風比較好；但是另一位同學則不希望開窗，因為他有點感冒，怕吹到風。這時候，圖書管理員過來，瞭解了兩人的需求，他打開了比較遠的窗戶，這樣空氣可以流通，又不會對著同學吹。這樣的作法不但符合通風的原則，也確保了不讓另一位同學可能感冒的原則。

我該怎麼做？

努力將雙方的立場之爭，轉為朝向利益的努力。

再舉一個例子，如果你想要去看一部電影，但是對方不想看這一部；而對方想看的電影，你也沒有興趣。兩人相持不下，過沒多久，你開始評論他的眼光太差，他開始評論你的水準有問題，這時候，雙方便是把一個單純的娛樂活動轉變成為立場之爭。一個解決之道是，雙方可以先討論出一個共同接受的第三方資訊，作為接下來的討論基礎。例如，你們都覺得奧斯卡獎得獎或提名作品可以接受，那麼就以院線片裡面是否有任何今年獲獎或提名的片子為標準來選擇其中一部電影。這就是《哈佛這樣教談判力》一書的作者說的原則談判，如果你和談判對手能夠就原則達成共識，接下來的討論將更具建設性。以下是一些實務上常見標準，提供參考：市場價格、過去慣例、科學證據、產業標準、倫理標準、成本估計、法律、傳統習俗等。越是客觀的標準，越有可能獲得談判雙方的接受，當你們選擇了共同接受的標準後繼續談判，將會有相當程度的突破。

我該怎麼做？

尋找雙方都能接受的標準。

總而言之，**談判最重要的精神是：總是不放棄尋找整合的可能性。**透過互信、資訊分享以及問對問題，盡力找到雙方的異同點，然後透過取捨，鎖定一個雙方都接受的協議，讓自己獲得對己方有利的結果，同時對方也可以獲得對他有利的結果。除此以外，權宜合約也是獲致整合協議的良方，可以努力嘗試看看，最後若是可以獲致雙贏結果，這一切的努力都將是值得的。

第五章

小蝦米能不能打敗大鯨魚？權力不對等下的談判攻防

談判，是在比誰的拳頭大？

當談判者遇到權力比他明顯來得大的談判對手，前面提到的談判策略與技巧有可能都會失效，因為權力的大小相當程度地決定了談判的態勢，進而影響談判結果。從客觀上來看談判各方的權力，有些人的確有較高的權力，例如，一方是產業中的大公司，或一方在公司中具有較高的職級，或是一方擁有較高的社會地位。什麼是權力呢？**權力**（power）是指能夠影響對方的潛在能力。談判者如果具有較大的權力，就有較大的潛在能力來影響談判結果，誰的拳頭比較大，他就比較可能達到他的談判目標，獲取較大的利益。

與權力相對的是**依賴性**（dependency），權力越高，依賴性越低；權力越低，依賴性越高。也就是說，談判者如果具有較高的權力，越不需要依賴談判對手與他達成協議，他通常會有較佳的協議外最佳替代解，比較不擔心談判不成，因此他不會顯現出依賴對手達成協議的姿態，並且常常可以獲得較大的利益。除此以外，權力大的談判者通常對談判目標堅定不移，在談判過程中，面對困難或失敗時是不會放棄的。若存在整合的機會，高權力的談判者比較不會輕言破局，而是積極尋找獲勝或獲致雙贏的可能。

相反的，如果談判者具有較低的權力，他就越大程度需要依賴談判對手與他達成協議，他通常沒有很好的協議外最佳替代解，會擔心談判不成，因此言談之間會顯露出急於達成協議的傾向。以致於，他比較會棄守談判目標，一旦遇到困難或失敗，較容易選擇放棄，而不會堅持到底。如果權力小的談判者覺得他無望達成談判目標，由於沒有其他的選擇，不得已只好接受對方的開價，因此，談判結果往往較為不利。

高權力談判者應注意什麼？

既然擁有權力對談判是有利的，高權力者對低權力者的態度會是如何呢？時常，高權力者對於低權力者予取予求、頤指氣使，往往忽略他們的需求與利益，讓對方覺得盛氣凌人、難以招架。更甚者，高權力者若是知道對方別無選擇，而步步進逼，在談判中追殺到底，不給對方任何應得的利潤。但是，值得留意的是，如此一來，對方有可能會因為被逼到死角，以致於破產或是一走了之，這樣的結果反倒會讓高權力者無法兌現其利益。我們把談判的最差結果稱為談判者面對到的**協議外最差替代解**（Worse Alternative to a Negotiated Agreement，簡稱 WATNA），也就是談判不成的時候，談判者剩下的是最差的替代解。

我該怎麼做？

即使你是權力大的一方，仍應該考慮到對方的需求與利益。

我們用一個情境來說明：Ａ公司與它的供應商Ｂ公司長久以來關係都很好，Ｂ公司最近喪失一個大客戶，使得Ｂ公司無法再失去Ａ這個客戶。最近兩方將重新談判下一次的合約，Ａ方打算的作法是，要求Ｂ公司僅以成本略為高一點點的價格賣貨品給Ａ，你覺得這個作法好嗎？以經濟理性的分析，Ａ公司認為對方已經別無選擇，因此採取對自己最有利的作法，他覺得這是對方應該會接受、而且必須要接受的，任何客觀的第三方也都會認為這是公平的舉措。然而，此時因為對方毫無其他選擇，他可能因為惱羞成怒，而決定完全退出談判。因此，我們應該要格外小心，千萬不要讓對方面臨到此一情況，而錯誤選擇了協議外的最差替代解。

有一個賽局遊戲可以類比這種狀況，稱為最後通牒賽局（ultimatum game），研究者給予一方十美元，他可以決定要分給另一方多少錢，而另一方只能接受或不接受；如果另一方不接受，兩方都不能獲得任何錢。[16]經濟學家預測，另一方一定會接受任何的給予，因為如果不接受，他什麼都無法獲得。按照經濟分析，這一方將只會給予一點點，如一美元，因為另一方不可能不接受；但是結果卻是，如果這一方只給一點點錢，超過一半的另一方不會接受。而且平均來說，這一方會給予四〇%的錢，即四美元，也就是他們預期對方並不會接受很少的錢，因此他們不會只給另一方一點點。換句話說，人們的主觀知覺會影響其決策行為。如果人們覺得公平，將會使用理性的大腦進行分析；反之，當他們覺得不公平的時候，大腦中的理智會斷線，負面情緒則會被開啟。如果高權力者選擇盡可能地剝削對方，對方將選擇寧願破局，而不願接受不公平的對待。**如果談判雙方希望建立或維持合作關係，即使是一方權力很大、另一方權力很小，權力大的一方也應該避免讓對方無路可**

走。這時候最佳的作法是，權力大的一方應該從對方的角度來看問題，瞭解對方的想法，也就是採取**借位思考**（perspective taking）的作法，不輕忽另一方的需求與利益，以尋求對雙方皆有利的雙贏結果。高權力者若能與談判對手建立較佳的互動關係，建立親切的形象，讓對方覺得他沒有因為自己的高權力，而一味剝削他人，將更願意接受高權力者提出的方案。換言之，**權力加上借位思考，將可以使得高權力談判者如虎添翼**。

我該怎麼做？

當你是權力大的一方，採取借位思考的作法將可以使你如虎添翼。

除了不要將對方逼到絕路以外，以下是有權者應該謹記的溝通原則：

1. 避免用言語或行為刺激對方。

2. 切勿過於傲慢，不當地做出威脅或發出最後通牒。

3. 不要過份吹噓，造成競爭氛圍。

4. 不要為了獲利而欺騙對方。

這些不當的行為將會引起無權者的報復心態，也可能因此會錯失機會，或誤以為不會被發現，因為這些情事在未來都有可能成為讓自己受到損害的原因。

低權力談判者只能被動接受談判結果嗎？

相對來說，低權力者也不是沒有談判籌碼，最重要的籌碼是他的協議外最佳替代解。如果低權力者有一個很好的協議外最佳替代解，他將不會受制任由高權力者予取予求，在談判過程中，可以極力爭取己方利益，共同謀求雙贏互利的協議。

不過，如果低權力者沒有很好的協議外最佳替代解的話，他應該怎麼辦呢？最直接的答案是，他應該想辦法改善他的協議外最佳替代解，如果他能夠找到更好的替代解，將可以明顯提高談判時的議價權。

我該怎麼做？

你如果是權力較小的一方，應該盡可能改善你的協議外最佳替代解。

如果這樣的權力態勢一直沒有改變的話，低權力者此時或許只能繼續忍氣吞聲，暫時接受僅有的微薄利益。從積極面來看，低權力者可以靜待情勢的變化，經過時間的演進，雙方的權力態勢可能會互換，高權力者反而轉變成為低權力者，低權力者則轉變成為高權力者，屆時再來展現其談判力。

主觀權力感的影響效果

剛剛提到擁有較大的權力可以讓談判者位居較佳的談判地位，不過，權力完全是一種客觀的狀態嗎？當然，不可否認，有些談判者的確在客觀條件上擁有權力優勢，但是類似的效果可以來自於主觀的權力感，而且有時候主觀權力感的影響效果更佳。這種主觀權力感的影響作用乃是透過人類的生理系統所達成，研究顯示，權力會影響人們的兩種行為的神經規範元：行為促進系統（behavioral approach system）與行為抑制系統（behavioral inhibition system）。[17]具有主觀權力感的談判者會展現行為促進系統，例如他們會表達正向情緒，言談之間充滿自信與自我肯定，也會積極尋求正向獎酬，主動獲取對方的認同或是實質的獎勵（如金錢的回報）。相反的，缺乏主觀權力感的談判者會展現行為抑制系統，例如他們會嘗試自我抑制，在談判中退縮，稍微看到對手的出價行為就感到難以招架，輕易就會讓步，無法堅守自己的目標，這種反應乃源自於因為受到潛在威脅所產生的懼怕。

我該怎麼做？
在談判中善用自己的主觀權力感。

雖然主觀權力感是有效的，我們卻常常受限於客觀權力，讓自己在談判前就棄甲投降，被對方看破手腳。我們要如何改變這種劣勢呢？最重要的是，你在談判前，要先想像自己過去的成功經驗，提高自己的主觀權力感。你過去一定有過許多談判成功的經驗，例如你曾經成功地向父母親要求一個生日禮物、曾經要同學借你他的上課筆記、曾經拜託上司准你一週的假期等。這些不起眼的「微小」談判成功經驗，都值得你給自己按一個「讚」。唯有自己先肯定自己，談判對手才會覺得你是一個「可敬的對手」！一項研究顯示，[18]當人們回想自己有權力的狀態，就可以讓自己感到有權力而積極進行談判，不會直接接受現有的談判結果。當感到自己有權力時，談判者比較會達到長期的財務獲利，在尋找工作的情境中，也比較容易獲得較佳的工作機會。

我該怎麼做？

努力提升自己的主觀權力感。

除此以外，心理權力有助於談判者找到創意的切入點，感到有權力的談判者比較會以正向的心態與談判對手共同尋找不同的方式來解決雙方的談判困境。另一項研究顯示了心理權力的結果，[19]它可以讓談判者從對手的出價所帶來的限制條件中解脫出來，帶來樂觀，願意對未來承擔必要的風險。相反的，感到沒有權力的談判者會輕易被談判對手所錨定，無法跳脫談判失敗的夢魘，以致於產生負向循環的畢馬龍效應（Pygmalion Effect）。*總而言之，對於缺乏權力感的談判者，在談判前

*畢馬龍效應是指一個人預期他人會有某種行為，而此預期將會導致此一行為的發生。

必須多給自己一些自信，想像自己從容不迫地跟對手溝通，以創意來解決雙方的歧見，並且成功地克服自己與對方的負向情緒。

權力、權利、利益：解決爭議的三個面向

前面各章節中，當我們談到談判時，提到的例子都是單純的有關於「交易」（transaction）的談判。面對交易時，談判者如果不滿意談判對手的出價或彼此不具有任何信任關係，可以選擇離開談判桌，不與談判對手繼續進行談判，而且在談判時，談判者的目標是盡可能滿足本身的需求與最大化利益。相對的，如果是面對到「爭議」（dispute）時，談判者常常是被迫加入談判，無法隨意的離開談判桌。例如，一個人與另一方之間有訴訟關係，他們正在打官司，這時候，此人不能自行決定要離開訴訟程序，去選擇他的協議外的替代解，而是必須留在訴訟的程序中直到

結束。在處理爭議時，談判者的談判目標往往不是在追求利益的最大化，而是盡可能做到損失最小化。

在烏利、布萊特及哥德伯格（Goldberg）的《解決紛爭》（*Getting Disputes Resolved*，暫譯）一書中，他們提出了下列的爭議處理模型，作為爭議處理的一般性思考框架。[20]其中包括三個面向：權力、權利、利益。前面提到，擁有權力可以讓你在談判中居於優勢，同樣的，當你站在堅實的權利基礎上，你也會居於較佳的談判地位。那什麼是權利呢？權利是人們理所應得的訴求，它源自於各種事物的相關基本規條，常見的形式包括：法律條文或規定、社會規範、倫理規範等。權利的存在對於人類社會的發展有很大的幫助，它常用來解決人與人之間的紛爭與衝突。其中，法律便在現代社會中扮演重要的角色，人與人的衝突、企業與企業的衝突、企業與政府的衝突，或是個人與企業、個人與政府的衝突，都常必須透過司法或相關的程序來解決。因此，爭議者常需要清楚相關的法律條文，讓自己在處理爭議時，可以爭取到對自己較有利的結果。

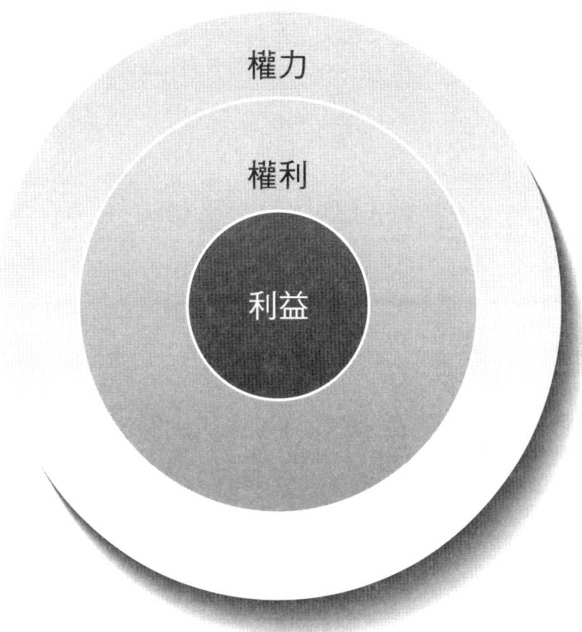

圖三　爭議處理模型

社會規範或是團體規範也是人們在解決爭議時常使用的行為準則。例如，家人之間為了解決婚禮安排的各種事項，必須有賴於這個家庭長期以來遵循的行為規範，聘金該收多少？禮金該如何收？要辦的多盛大？婚禮要如何進行？這些都是新人們常常遇到的問題，當年輕一輩與上一輩的價值觀不同時，便會為了各項細節而爭執不下。為了順利舉行而不傷了和氣，家人間需要更多的忍讓，並考慮其他人的立場。

同樣的，組織也有組織的規範，企業有企業的文化，企業中的不同團隊也有各自的規範。某些公司或許是高層主管說了就算，不需要考慮其他同仁的看法；某些公司則是必須邀請更多的各級員工參與，一同做成決定。某些公司做事必須遵循標準作業流程，而另一些公司則大多是創意的處理問題，比較不需要遵循往例。就團隊來說，有些團隊通常是成員各自做各自的，然後再一起彙整大家的工作成果；也有些團隊重視不斷的溝通與磨合，找出大家共同接受的想法。前者多半以效率為主要考量，後者則是強調創意或是決策的接受性為主要考量。

在烏利、布萊特及哥德伯格的架構中，權力是決定爭議處理時最具決定性的因素。在權力的相對態勢上，如果你佔據了上風，在談判時必定較為有利；反之，你如果屈居下風，你的談判將會是困難的。有了權力，接下來是權利，談判者協商如何能夠符合團體或社會規範、法律條文，在權利的基礎上，如果相對來說你佔據上風，你在談判時必定較具優勢；你如果屈居下風，你的談判將會居於劣勢。不過，如果我們同時看權力與權利的話，權力還是凌駕於權利之上。例如，你如果具有足以修改或解釋法條的權力，很明顯你在談判中將會明顯勝出；又如歹徒挾持並威脅要殺害人質，迫使警方屈從其訴求，此時，歹徒展現的強制權將使得警方具有的法律行使權在當下受到了限制。因此，依序來說，權力的相對大小影響談判的相對態勢，權力大的一方凌駕於權力小的一方。其次是權利，一方位居權利的優勢，另一方便屈於劣勢。

不過，最後要解決問題還是在於利益，談判雙方在乎什麼？哪些需求可以被滿足？如何滿足？在社會上，我們常看到一些衝突，無論是勞資爭議或是拆遷問題，一開始談判雙方都各自強調他的權力與權利，譬如法律條文或是人權，但是經過一番折衝之後，最後到了談判桌，還是會回到各自的利益之上。要如何找到雙方都願意接受的條件？唯有找到滿足雙方需求的方法，才能夠真正解決爭議。以下我們用住戶與建商的交屋爭議來舉例。

談判情境劇場

與建商的交屋爭議

住戶：（打電話）喂，我是剛交屋的住戶ＸＸＸ，我看到我的臥室牆上有一道水漬，好像有漏過水的感覺，麻煩你們派人來檢查一下。

公司：好的，我們會盡快找人過去看。

（隔了兩週）

住戶：喂，我是剛交屋的住戶，我兩週前有打電話來過，我的牆上有一道水漬，你們有說要派人來看。

公司：好的，我們這幾天會派人過去。

（又隔了幾天）

住戶：（口氣有些不好）喂，我是剛交屋的住戶，我打了好幾次電話，我的牆上有一道水漬，你們有說要派人來看，怎麼一直沒來？

公司：不好意思，最近工程人員都很忙，你說有水漬嗎？不大可能吧？當初交屋的時候，你們並沒有提到這個問題。

住戶：當初交屋的時候我們沒看到，難道你的意思是我們住進來以後弄濕的？

公司：（認為這個問題沒有急迫性，想要找理由拖延）我沒有這個意思，不過，當時的紀錄的確沒有寫到這一點。在你們交屋記錄上有提到的問題，我們公司都已經處理完畢，雖然你說的水漬問題不在裡面，但我們還是會派人過去看一下。

（又過了一週）

住戶：喂，我打了好幾次電話，我是剛交屋的住戶，你們說這週要派人過來看，但是還沒有來。

公司：不好意思，工程人員最近都很忙。

住戶：如果你們再不來，我就要在網路上貼文，說你們建商有問題，交屋以後就不負責了。

公司：請不要隨便指控人，我們很有誠意要幫你處理，你說問題是什麼？

住戶：在臥室牆上有一道水漬，很可能是旁邊管道間的問題，我猜想是上面的樓層有某個地方漏水，沿著管道間漏下來，如果你們不處理，未來各樓層都會有這個問題。

公司：瞭解了，我們會盡快處理。

（隔天）

公司：喂，你們提到的問題已經找到源頭了，是上面的樓層有個管子沒接好，現在已經修好了，這兩天我們會派油漆工到你們家重新油漆那道牆。

住戶：（終於露出微笑）好的。

這個例子中，住戶發現剛交屋的臥房牆壁上有一道水漬，但是在交屋時並沒發現，後來才注意到，他打了幾次電話給建商，卻不見積極處理。建商的說法是工程人員很忙，暫時無暇處理，實際的理由是，他們不認為這個問題有急迫性，工程人員都在忙著處理其他更急迫的問題。住戶一再反應都沒有得到回應，只好以威脅的口吻，說要貼文在網路上，抱怨建商的不是。當然，這樣的貼文或許可以達到威嚇的效果，但是對問題的解決未必有幫助。在這個例子中，建商是權力較大的一方，建商與住戶之間有合約的約束，合約載明雙方的權利義務關係，住戶威脅要貼文，表示住戶也要展現其權力，希望讓建商正視他的問題，儘快來處理，但建商顯然還在拖延，不把這個問題當一回事。最後的轉折點是，住戶提到這個水漬可能顯示背後更大的問題，也就是管道間可能有某個地方在漏水，若是如此，其他樓層也可能會有類似的現象。這時候，公司頓時發現這個問題的急迫性與嚴重性，趕緊派人前來檢查，並且找到問題的根源。換句話說，住戶直接點出了利益問題，如果建商不解決水漬的問題，他們有可能會有更大的損失。對建商來說，解決目前的小問題將可以避免未來衍生出更大的問題，處理這個問題反而可以減少其他地方更大的損失。前面，當住戶與建商停留在權力與權利的較勁時，無法真正解決問題，直到轉向背後涉及的利益，問題立刻得到解決。

這個例子反映了一個常見的問題，當我們面對到權力比我們大很多的談判對手時，時常只能束手無策，任憑對方宰割，讓對方獲得他想要得到的利益。在這種情形下，自己除了接受，好像別無選擇。有沒有可能我們以小搏大呢？權力低的談判者可以扭轉劣勢嗎？

以小搏大，可能嗎？

1. 小鎮居民對抗大公司

《永不妥協》（*Erin Brockovich*）是一部由真人真事改編的電影，女星茱莉亞·羅勃茲（Julia Roberts）飾演一位面臨失業危機且有三個孩子的單親媽媽艾琳，她的律師朋友讓她在他的律師事務所擔任檔案管理員的工作。無意間她發現一個牽扯房地產和醫療保險的案件，在深入調查後，她發現一個名為辛克利的小鎮，它的水質長期受到六價鉻重金屬離子污染，但這些事實卻被隱瞞，污染源是一家大型電力公司。經過艾琳的努力奔走，受害居民終於集結起來、團結一致，最後法官命令該公司支付三億三千三百萬美元的賠償金。

這部電影呈現的是一個小蝦米戰勝大鯨魚的故事，看了讓人非常振奮，但在現實生活中，這樣的情節往往遙不可及，因為面對到權力的巨大差距時，低權力者很難改變談判雙方的態勢。我上課時會提到一個發生在自己身上的小故事，可以算是另一個以小搏大的例子。

2. 與保險公司打交道

前面提過二〇〇八年我同時獲得國科會與美國傅爾布萊特的獎助，帶著全家前往美國芝加哥西北大學進行為期半年的進修。由於美國的醫療費用昂貴，因此，在抵達美國後，我決定要買一個美國的短期醫療保險。因為西北大學提供給短期訪問學者的保險，費用上來說有點偏高，我發現傅爾布萊特獎助寄來的資訊中，列出了幾家保險公司，都有提供短期學者的相關保險，我就順手打了電話，很快的就搞定了這件事。過了暑假，學期開始了，芝加哥很快就進入了秋天，對於生長在台灣的我們，當然是明顯偏冷。到了十月中旬，我的一個女兒感冒了，幾天沒有好轉之後，我帶她去附近的一家地區性診所。醫生很親切，看完說是一般的感冒，開了處方，我們就準備離開，離開前櫃檯的小姐問我說有沒有保險，我給她看了從網路印下來的保險證，她看了看說沒問題，她會處理後續的事宜，我們就離開了。隔兩週，我女兒的感冒還是沒有完全好，我們又回去那家診所，一樣的，醫生看完後開了處方，離開前櫃檯小姐又問了我有關保險的事，她看了看，說上次的費用還在處理中，這次她一樣會跟保險公司處理，我們就又離開了。

等到大約兩週後，我收到一封來自保險公司的信函，我猜想就是有關保險費處理情形的信，結果，信中說他們無法支付我女兒的醫療費用（我印象中大約三百美元左右），原因是他們公司的規定不包含此一疾病（裡面有一些專門的醫療用語）。我看了非常驚訝，因為明明是普通的疾病，也不是什麼特殊的狀況，而且，公司網站上以及原本寄給我的資料上都沒有特別說什麼，我氣沖沖地打電話過去詢問，對方服務人員以一個非常制式的答案回應我（應該叫做敷衍我），在我一再用力地反應之後，她終於說她會跟她的主管報告此事，然後就掛斷了電話。隔了幾天，我又打電話過去，明顯地是另一個服務人員接電話，還是一樣非常制式的答案，我追問上回曾經說主管會介入處理，她的回答很直接，主管說按照規定是無法理賠的，顯然他們根本就不打算支付這筆款項。

隔了一個月，我因為其他原因又有一次前往那個診所，櫃檯小姐跟我提到保險公司不願意理賠的事，我說我還會再與他們溝通，診所還是沒有收我任何錢，只說他們會再跟保險公司聯繫這第三筆費用。到了十二月，距離我們全家回台灣已經剩差不多一個月的時間，我左思右想，這件事不能就這樣不了了之，明明就是對方的問題，我怎麼一點辦法都沒有？我在想，就算我開車到這家公司（地址是在另一州，開車要至少八小時），對方也不會理我，那我要如何做才能解決問題呢？

就在聖誕節前一週的某一天，我決定寫一封信給保險公司，內容大致如下：

我是傅爾布萊特獎助下的短期訪問學者，在該機構的資料夾中看到他們的資訊，原本以為他們會協助短期學者適應美國生活，然而在這件事上卻處處刁難。我說我是台灣來的商管學者，我們有許多同學到美國留學，這次的經驗可以當作我的上課教案，好好宣傳他們是如何做顧客服務的（這句話我是在說反話），相信他們會做出對顧客最好的決定。我寄出這封信，心想大概在回台灣前應該也就石沉大海，沒想到，就在過完新曆年的第一週，我收到一封信，緊張地打開看，裡面附了一張支票，就是我女兒的看診費用，信裡大致說他們重新審視這個案件，認為符合理賠標準，最後還表示，他們公司一直是以服務顧客為宗旨。我相信對於這家公司來說，這筆理賠金額是極小的支出，如果公司不理我，它的潛在損失可能遠高於這筆支出（當然也可能它完全不會有損失，因為我壓根對他們不具威脅性）。不論如何，顯然他們在衡量得失之後，決定不要為這麼小的費用傷腦筋，就爽快地寄給我支票。

無論是電影永不妥協中的女主角茱莉亞．羅勃茲，或是在芝加哥面對保險公司的我，都是利用了威脅，成功地以小搏大，克服談判態勢的差距。因此，當我們面對到權力或權利懸殊的不利情況，務必冷靜面對，分析雙方的態勢，找出那些對方最在意的點，讓對方知道唯有讓步才是他最好的選擇。

我該怎麼做？

面對到談判態勢懸殊的不利情況，找出那些對方最在意的點，讓對方知道唯有讓步才是他最好的選擇。

第六章

虧錢賣你啦！

談判中的詐術與謊言

談判倫理的三個學派

在閱讀本書的過程中，你心中可能會一直存在著一些想法：「哪有那麼容易啊？我怎麼可能相信對方的話？如果我都跟談判對手誠實分享資訊，他都跟我說假話，我不是就被他牢牢吃定了嗎？反過來說，我如果能讓對手誤信我的謊言，我不是就能夠無往不利嗎？」換言之，談判常常被認為是一個爾虞我詐的過程，前面建議的那些創造價值、資訊分享的過程，只有在理想的世界裡才會存在。對此，我們暫時不做任何評論，我們將在這個章節中，認真思考倫理在談判中扮演的角色。

在談判課程中，我都會讓同學先花時間閱讀一個個案，進入個案的角色，他可能扮演的是買方或是賣方的角色，然後，買賣雙方有十幾分鐘的時間，同一方角色的同學（二至三人）先討論接下來的談判策略，然後再進行談判。由於個案資料有限，相關的產業與個案公司都不是同學所熟悉的，很多資訊必須自己發揮想像力來設想。對此，我設下一個原則，同學們可以自行填補一些個案裡面沒有的資訊，在某種程度內他們可以誇大訊息，但是不能夠變造資訊，不能夠把白的說成黑的，譬如在美國的公司說成在日本，至於誇大多少可以接受，這部分我並沒有訂下明確的規範。由於談判演練的結果是不計入期末成績的，所以，他們不會因為談的好或壞，而得到加分或是被扣分，純粹是為了課程學習。然而，在談判結束後，各組的結果都會呈現出來，因此偶爾有人也會因為面子問題，不希望自己談的太差。在談判中說謊，對於談判的結果或許有利有弊，然而說謊本身所涉及的不只是談判中的利益問題，而是談判倫理問題。

1. 撲克牌遊戲觀點

關於談判倫理的思考邏輯，有三個主要的學派，撲克牌遊戲觀點、理想主義觀點、務實主義觀點。首先，持有撲克牌遊戲觀點的人認為，談判不過是一場遊戲罷了！卡爾（Carr）在《哈佛企管評論》（*Harvard Business Review*）一九六八年發表的一篇著名的文章中，以撲克牌遊戲（poker game）來比喻企業。[21]他認為，企業具有類似撲克牌遊戲的特性，每位參與者使用自己的策略並共同遵守某些「倫理原則」，這些原則未必真正符合社會的倫理規範。也就是說，有些企業規範在一般的社會常規或許是不允許的行為，但在企業中有可能是可以接受的。卡爾認為，這就像在打撲克牌，即使是朋友之間，各方都存在誇大以及要詐的表情與行為，來誤導對手相信自己的策略，但沒有人會說這樣是不對的，而企業活動不就是如此運作嗎？卡爾的論點，受到了倫理學者的激烈批評，他們認為，從某個角度來講，企業是社會的一部分，其遵守的倫理原則應該是和社會上其他的原則相同，如果我們把企業（以及相關的商務談判）視為撲克牌遊戲一般，允許欺騙、謊言、詐術等伎倆，這將會對社會造成非常不良的後果。

2. 理想主義

相對於撲克牌遊戲，抱持理想主義的人認為，即使對自己不利，談判者還是應該做對的事。你在家如何表現，談判時就應該如何表現！就理想主義者來說，欺騙是不對的，談判雙方應該誠實面對對方，唯一可以說謊的時機是在為了保護他人的時候。不過，理想主義者也認為，談判者並不需要主動揭露所有的資訊，因為這樣將不利於己方，他可以針對對方的問題，選擇迴避不答，但如果實在無法避免，即便因為說實話己方利益會因此損失，仍應該說實話。顯然，理想主義觀點在商務談判實務上很難被人接受，即使是你自己很想做一個理想主義者，但是你的談判對手卻不見得如此，以致於你在談判中可能會被對方宰制。

3. 務實主義

第三種務實主義者的主張是，談判者應該盡量誠實，因為不誠實會產生很大的代價，失信於對方將危及自己的信譽，就成本效益分析來看，對己方是不利的。不過，務實主義者也認為，為了達到談判的目的，如果沒有其他方法的話，欺騙是可以被接受的。因此他們不是像理想主義者那樣，願意在犧牲己方的利益下，堅持倫理原則。在談判時，務實主義者不偏好說謊，而是傾向使用誘導的方式，引導對方接受他的想法。

說謊的代價

一般來說，在課堂中，我不會宣揚自己的價值觀要大家接受，我認為，每個人在面對談判時都有自己的看法與價值觀，你當然可以依據你的想法進行談判，但任何的作法都有某些後果，因此我會建議大家仔細評估，然後做最佳的判斷。以我個人來說，我覺得理想主義觀點是最佳的選擇，誠實是上策，但是如果不得已的話，務實主義觀點或許是你可以考慮的一個替代選擇；至於撲克牌遊戲觀點，我個人則是不贊同的。如果是務實主義觀點，那麼，你必須要仔細評估說謊的代價與成本，這裡，談判中的謊言是指談判者刻意以不實的敘述欺騙對方，說謊的代價可以包括對談判者自己、對談判雙方，以及社會成本三方面。

我該怎麼做？

誠實是上策。仔細評估說謊的代價與成本。

首先，對談判者自己來說，通常，當一個人說謊時，他會感到不安，內心會有罪惡感產生，可能會以某些微表情（microexpression）的形式表現出來，這種微表情通常只存在半秒鐘。而且，當說了謊之後，為了掩飾這個謊言，往往需要說更多的謊才能夠圓謊，這帶給說謊者很大的心理壓力及認知負荷，實在是得不償失。

其次，對談判雙方來說，之前提過，在談判中，互信非常重要，任何背叛或不當的言語都可能摧毀原本就薄弱的信任關係，而謊言更是如此。當謊言被發現時，談判對手將會重新評估，針對過去所有的資訊（即便是正確的部分）嚴密地檢視，甚至以此為藉口，要脅對方讓步。換言之，說謊有實質的代價，就是可能損害己方的利益，不論是短期或是長期的利益皆是如此。更進一步，它將帶來雙方關係的破損，削弱友誼與長期關係。更糟的是，它將引發報復的動機，你既然這樣對我，我當然可以用報復來還擊，這樣的結果對雙方都是不好的。

第三，社會成本。在現實生活中，說謊未必一定使對方的利益受損，相反的，對方有可能還會因此而得利。譬如，對方或許錯誤地接受了說謊者的講法，結果事後證明他卻是獲得了一份極佳的合約。即便如此，說謊會導致人際間的不信任，增加人與人之間的猜疑。這也就是為什麼許多人不願意進行商務談判的原因，因為他們不希望將自己置於一個充斥謊言的環境中，讓自己也不得不說謊。

說謊的原因有哪些？

當然有人是習慣性地說謊，他們在任何情況下都想要欺騙別人，不會有所謂的罪惡感。他們不會因為說謊而感到不安，也不擔心謊話被揭穿的後果，我們必須小心提防這樣的人。但對一般人來說，有時候也會說謊，在什麼情況下，一般的談判者會想要欺騙對手？他們說謊的動機與意圖有哪些呢？

1. 實質利益

實質利益是一個常見的動機，談判者為了自己的績效或獎金、為了他所代表的公司的利潤，或是公司賦予他的角色或目標，都可能是他選擇說謊的原因。而且，利潤越高，談判者說謊的可能性就會越大。[22] 這就是為什麼我們常常看到相關新聞報導中，賄賂的金額通常都非常高，因為誘因越大，當事人越有可能接受。

另外，在激烈競爭的情況下更會驅使談判者說謊。如果A公司與B公司正處於激烈的競爭關係中，雙方的市場佔有率互有領先。這時候，代表A公司的談判者有著不可不勝過B公司的壓力，如果說謊可以讓公司得利的話，他就越有鋌而走險的動機。

2. 伸張正義

有些時候謊言的背後也可能存在所謂「正當」的理由，譬如，某些人會為了達到正義的目的而欺騙對方，因為對他們來說，正義讓他們合理化自己的說謊行為。或許有人會覺得這樣的作法是可以接受的，因為**目的正當化手段**（The end justifies the means）。不過，此一原則未必在每個情況下都說的通。先舉一個通常可以被接受的例子，比如一位銀行行員在面對搶匪時，向搶匪謊稱他沒有金庫的鑰匙，藉以拖延時間、等待警察的救援，這個情況多數人會認為銀行行員的作法是正確的。但是，如果一個支持環保的組織，為了激起大眾愛地球的心，而故意造假、製作不符實情的影片，或抹黑無辜的企業。當事實真相被公布時，這個組織不但不會得到大家的支持與同情，反倒會讓自己的正義形象瞬間毀於一旦。

我該怎麼做？

不要為了伸張正義，而合理化自己的說謊行為。

3. 不確定性

如果談判者對於相關事實並不確定，也會傾向欺騙。由於不確定性常可以納入主觀的認知，談判者會傾向將他所認知的不確定性，轉換成對自己較有利的訊息來呈現給對方。例如，在土地買賣中，賣方對於未來該土地是否可以取得使用變更申請，提出過於樂觀的估計，以致於買方因此做出錯誤的購買決定。或是，金融產品理專選擇性地告訴顧客對於未來景氣的看法，藉以引導顧客喪失戒心，相信其說詞。

4. 心理因素

談判者有時候會因為面子或自尊心，覺得說真話會失去尊嚴，不符合自己的身份地位，而編織謊言掩蓋事實，這一點在華人社會中尤其可能存在。另外，談判者為了避免傷害其他人的感情，或避免引起其他人的負面情緒，也有可能是考慮到對方的感受，為了怕傷害對方的感情或是雙方的關係，或是怕對方因為知道真相而產生傷心、害怕、氣憤等的負面情緒，而假造一些資訊，誤導對方相信，以確保談判不會受到對方心理的影響。

我該怎麼做？

不要讓面子或自尊心，成為自己說謊的藉口。

5. 沒有想到更好的方法

談判者可能會因為當下想不出什麼更好的說詞，不得已而選擇說謊。然而，在說謊之後，談判者可能懊悔自己的行為，但是卻又無法改變已經說出口的謊話，因而產生罪惡感或羞恥感。我們將在後段說明我們應該如何以充分的準備取代說謊，因為唯有事先想好如何回答問題，才是真正的解決之道。值得注意的是，罪惡感常是提醒我們做出改正的警鐘，因此，當察覺到己方或談判對手產生了罪惡感時，我們應該重新審視目前的談判，適時做出改變與調整。

我該怎麼做？

當覺察到己方或談判對手產生了罪惡感時，我們應該適時做出改變與調整。

由此可知，談判者說謊的背後存在著各式各樣的理由，有些理由是自私的，但有些理由則是具有利他的動機。但如前面所說，說謊本身會帶來成本，無論是對自己、對雙方，或是它所伴隨的社會成本，都未必能讓這些理由被人接受，或甚至是連自己都可能無法原諒自己。

欺騙的內容有哪些？

上面談到了說謊的原因，我們進一步討論談判者可能會欺騙對方的內容。你一定聽過以下的話：「這個價錢我是虧本賣給你的！」（但其實是有賺的）「這個價錢已經沒辦法降了！」（其實是還可以的）「有其他的客戶剛剛打電話來說要買這個產品，但如果你要買的話，我就賣給你。」（其實，剛剛沒有人打電話進來）「我們公司的產品最重視的就是品質！」（但其實公司常為了其他因素而犧牲了品質）「這個產品是公司生產的最新規格，短期間你買不到更新的產品了！」（但其實新品即將要上市）「今天我給你特別的優惠，別人我不會給這樣的價錢！」（但其實每個顧客他都是這麼說）「關於這一點我必須呈報我的公司主管。」（但其實銷售員自己就可以做決定）。換句話說，談判者可能欺騙的內容各式各樣，其中包括：底價、目標價、協議外最佳替代解、優先順序、未來的不確定性、決策權限等，談判者為了誘導對手成交，進而獲致談判結果的勝利，常會變造各種訊息。在談判時，如果你沒有充分瞭解你的談判標的、沒有做足功課，那麼對方怎麼說你就得怎麼相信了。

談判情境劇場

中古車市場的資訊不對等

顧客：你能不能介紹一下這輛車的狀況？

銷售員：這輛車狀況非常好，它是二〇〇〇年出廠的。

顧客：有撞過嗎？泡過水嗎？

銷售員：不可能沒有小擦撞，但是完全沒有大撞過。你可以看外觀就知道。

顧客：這裡好像有撞過的痕跡？

銷售員：有嗎？應該是光線反射的關係。

顧客：（以懷疑的眼光）應該不是光線？有泡過水嗎？

銷售員：我們公司的政策是不賣泡水車。

顧客：性能呢？這樣的里程數，接下來會不會要大修引擎或換其他的零件？

銷售員：這型車很耐開，再開幾年都沒問題。

顧客：……

在上面的例子中，顧客想要瞭解一輛中古車的狀況，來決定是否要購買。銷售員的回答看起來很正面，「狀況非常好」、「完全沒有大撞過」、「很耐開」、「再開幾年都沒問題」。在看車的過程中，顧客似乎看到了有撞過的痕跡，但是銷售員以光線反射為由回覆。另外，顧客對於銷售員沒有回答泡水車的問題感到有些疑慮，他問了第二次：「有泡過水嗎？」這時候，銷售員回答道：「我們公司的政策是不賣泡水車。」這個回答看似正面，但仔細想來，公司的政策雖然是不賣泡水車，但是銷售員並沒有回答這輛車是不是泡水車。最後，顧客問到接下來會不會要大修？當然，一部跑了很多里程的中古車一定有可能未來要大修，對於顧客來說，大修的風險是必須要承擔的，如果他對於汽車構造與功能的瞭解不夠，這部分很難判斷，就要依賴銷售員的說法。

如果從欺騙的角度來分析，首先，這輛車有可能曾經大撞過，但是如果沒有正式的紀錄，顧客無法從歷史資料查出來，只能夠靠自己目視來判斷。如果銷售員知道有撞過，光線折射的說法便是一種顧左右而言他的說詞。泡水車問題，有可能顧客第一次問的時候，銷售員的確沒有聽到這個問題，但也有可能他有聽到，但是不想要回答，經過第二次詢問，他才以公司政策不賣泡水車作為搪塞之詞。至於汽車性能，銷售員則是回答「這型車很耐開，再開幾年都沒問題」。這樣的回答看似沒有太大的破綻，這型車雖然很耐開，也不表示這輛車的狀況就一定很好。再開幾年是否沒問題，很大程度決定於未來的車主要花多少力氣保養，因此，很難從銷售員的回答判斷出他是否有說謊的嫌疑。假設銷售員知道這部車真的有很大的瑕疵，但只要顧客買回去，在保固期之後車子才壞掉，顧客也很難說是因為當時銷售員說謊，才誤導他買下這輛車。

如何偵測對方說謊？

既然談判中常見許多欺騙與詐術，我們要如何才能看出對方說謊呢？某些專業人士精通於判斷別人說謊與否，如美國聯邦調查局的幹員或是精於辨案的檢察官。但對一般人來說，你要能夠百分之百辨別談判對手的哪些話是真的、哪些是騙你的，並不是一件容易的事，以下提供幾個基本原則或許可以幫助你看出端倪。

首先，**你要勤於紀錄對方說的話及提供的資訊**，在這些訊息中，尋找其中不一致的地方，這些不一致很可能表示對方沒有照實告訴你某件事，或是他有扭曲事實。另外，對方的肢體語言與表情都透露了一些訊息，你如果精通閱讀他人的情緒狀態，你將可以從對方的表情中，偵測到謊言的足跡。

其次，為了確認不一致之處，**你可以直接詢問他或是用旁敲側擊的方式讓他說出實情**。如果可能的話，在不同的時間點，不同的情境下，多詢問幾次，以釐清事實真相。因為也有可能對方並沒有說謊，而是因為原本的事件隨時間而有所改變，或是他所陳述的僅是事實的某個面向或部分內容。

最後，**你可以主動尋找證據**，來拆穿他的謊言。如果你能夠掌握到實際的證據，在談判中提出質疑，讓對方知道他無法透過變造資訊或謊言來達到目的，這時候，你可以將談判轉而成為對你有利的局面。

如何不說謊？

最後，如果換作是你自己呢？在一個看似不得不的狀況下，你要如何可以不欺騙對方呢？我們前面說過，如果你選擇採用的是務實主義觀點，你會希望盡可能堅守倫理界線，不欺騙對方；但是，當你陷入一個情境中，如果不說謊會造成公司或自己的利益上的損失，在權衡利益得失下，這時候你有可能會選擇說謊，而且尤其當你沒有其他替代方案時，你說謊的動機將格外增強。那麼，如果你不想要說謊，你該如何做呢？答案是：以充分的準備取代欺騙。

我該怎麼做？

以充分的準備取代欺騙。

如何做準備呢？準備什麼呢？以下是一些具體建議：

1. 事先想好如何回應

首先，如果你不希望說謊，但是當問到某些問題，當下又無法想出合適的回答時，最好的作法是**事先就決定不要回答這個問題，而且一定要事先就想好你要如何回應對方，絕對不要毫無準備。**你千萬不要告訴自己，沒問題的，他不會問的，船到橋頭自然直，到時候我就知道如何回答。這樣的自我催眠只會讓事情變得更糟，無法在當下順利反應。

我該怎麼做？

事先就想好你要如何回應對方，不要在毫無準備下做出回應。

2. 努力改變談判態勢

其次，為了要避免自己陷入尷尬的困境，**你應該努力去改善你的談判態勢，主動尋找各種可能的替代方案**，才不會在談判時，因為對方的追問，而不得不說謊。換言之，你總是要盡可能改善你的協議外最佳替代解，讓你在無法回答問題、要破局時，還留有不錯的選項。

3. 用主觀語氣表達看法

另外，在回答的內容上，**你可以用主觀的語氣表達你的看法，強調你所說的是你個人的意見，而不是客觀的事實**，例如你可以說：「我覺得這個價錢我的老闆是不會同意的。」也就是，你給自己保留一個彈性空間，因為外在因素的確充滿變數，很多事情都有可能發生。就如同前面章節所說的，所謂的底價或偏好常常是主觀的概念，不是完全都無法變動的。所以嚴格說起來，只要你沒有變造事實，你並沒有說謊或欺騙對方。最後，在此也要提醒的是，說謊與欺騙可能會有法律的後果，千萬不要輕忽。

我該怎麼做？

給自己保留一個彈性空間。

第七章

談判不用自己來 找代理人幫忙談判好嗎？

為什麼需要找人幫你談判？

你或許有這樣的經驗：去看一間房子，屋主向你解釋房子的種種優點，不但價格在預算之內，就連裝潢、格局、地點、附近的生活機能等等，都非常符合你的需求，心中覺得這個房子就是自己夢寐以求的住處。你內心的喜悅已經完全顯露在你的臉上，屋主從中就可以看出你的想法，這時候你要如何與他殺價，或是談出一個對你有利的協議呢？這個例子說明了，當你與另一方進行談判時，如果你直接就面對你的談判對手，而不是找一位專業的代理人來幫你談判，你的某些想法與動機會明顯展露出來，以致於可能因此居於談判的劣勢，無法得到有利的談判結果。

同樣的，屋主如果不是自己賣，而是找仲介來幫忙賣房子的話，他可以省去許多的麻煩，而不需要樣樣事情都自己來。譬如說，就連約時間看房子都可能是個問題，我們看一下以下的例子。

談判情境劇場

要找房仲賣房子？

潛在購屋者甲：喂，你是不是有房子要賣？

屋主王先生：是的，你有興趣看房子嗎？

潛在購屋者甲：對，我想要看一下，瞭解一下屋況，你下週六下午兩點有空嗎？

屋主王先生：下週六下午我剛好沒空，下週其他時間都可以，你有沒有其他時間可以來看？

潛在購屋者甲：沒有耶，我週間都要上班，這兩個週日也不行。

屋主王先生：那要不要約下下週？

潛在購屋者甲：那我再打電話給你約時間。

（隔了幾天）

潛在購屋者乙：喂，你有房子要賣嗎？

屋主王先生：對，你要看房子嗎？

潛在購屋者乙：我們約明天下午三點，可以嗎？

屋主王先生：沒問題，我會在門口等你，地址是ＸＸＸＸ。

潛在購屋者乙：（接近約好的時間）喂，王先生嗎？我臨時有事，沒辦法趕到，我們約改天，你週五上午有空嗎？

屋主王先生：週五上午可以，我們約十點。

潛在購屋者乙：好，不過，我如果又臨時無法到的話，我會先打電話跟你說。

屋主王先生：（顯出不高興的語氣）沒辦法到的話你可不可以早點說？因為我住的地方距離這個房子很遠。

潛在購屋者乙：沒辦法耶，我的公司常常會臨時有事。搞什麼阿，你的口氣怎麼那麼差！

屋主王先生：我口氣差？是你的問題吧！……

在以上的例子中，潛在購屋者甲是上班族，他要看屋的時間很有限，屋主必須配合他的時間，結果雙方沒辦法配合，潛在購屋者甲後來就沒有來看房，屋主失去了一個可能的售屋機會。潛在購屋者乙也是上班族，他很爽快的約了時間，但是他的工作常常會臨時有事，結果到了接近的時間，臨時取消看屋，讓屋主白跑了一趟。屋主希望他下次能夠約個不會臨時取消的時間，潛在購屋者乙則回答說沒辦法，這時候，屋主顯露出不滿的情緒，讓潛在購屋者乙開始飆罵，他覺得明明是屋主想要賣屋，怎麼會有這樣的態度！顯然，屋主本身的情緒控管有些問題，如果他要賣屋，需要更有耐心一些，畢竟有更多人看屋，賣出一個好價錢的機會將會更大。這個例子告訴我們，如果屋主透過房屋仲介來協助處理，將可能省去很多時間。除了時間以外，我們透過談判代理人來代理談判，到底有哪些優點呢？

透過談判代理人的優點

魯賓（Rubin）與桑德（Sander）指出，無論你是買方還是賣方，透過談判代理人來幫你進行談判會有以下幾個優點：23

1. 專業

委請房屋仲介來進行買屋賣屋的事宜，或是聘請律師協助打官司，最大的好處是他們具有一定的專業背景，這些專業背景有助於你與談判的另一方建立互信關係，讓雙方都信任此一談判過程與結果將會符合法律及社會規範。

2. 匿名性

有些情況，透過代理人是不需要揭露自己身份的，因此在談判過程中，將可以減少不必要的困擾或心理壓力。當然，這一點不見得適用在每一個代理情境，例如，委託律師打離婚官司，就不可能是匿名的。

3. 去情緒化

如前面提到買屋的例子，如果是直接面對談判對手，你的情緒或想法可以被對方瞭如指掌，以致於在談判中居於不利的地位，透過代理人，你比較能夠隱藏自己的情緒，讓談判對手無法直接且立即的發覺，讓你可以做出理性的判斷。

4. 彈性

代理人可以作為談判者的緩衝，你不但可以在情緒上，讓代理人扮演緩衝的角色，也可以在出價或是其他議題上，較為彈性。例如，你原先委託房屋仲介要賣房子，等到真的有買家出價，而且出的價錢高過你的底價，在最後簽約前，你總是可以反悔不賣。因此，彈性是透過代理人進行談判的一大優點。

專業、匿名性、去情緒化，以及彈性是代理人代為進行談判的四項優點，這些優點可以讓委託人不需要親身參與面對面的談判，免除不必要的心理壓力，規避自身不熟習相關法令或是不擅長溝通協調的弱點，以逸待勞，兌現代理人所帶來的種種優勢。

我該怎麼做？

找個專業的代理人幫你談判，可以讓你在談判中，有匿名性、去情緒化，以及更有彈性。

透過談判代理人的缺點

不過，透過談判代理人雖然有許多優點，但也可能帶來一些缺點，是委託人所必須知道的。透過談判代理人來進行談判的缺點包括：

1. 代理人與委託人的利益與動機不一致

經濟學有一個著名的理論稱為代理理論（agency theory），[24]該理論試圖處理的問題稱為代理問題（agency problem）。這個理論是說，當企業資源的所有人（委託人），與資源的使用人（代理人）之間具有契約關係，這時候，代理人會擁有自利的動機，做決策的時候會為著自身的利益，而不見得會處處為著委託人的利益著想。換言之，就企業來說，所有人如果是股東，使用人是企業內的管理者，管理者的行為與決策將會存在代理問題。在談判中，委託人（如購屋者）委託代理人（如房屋仲介）進行交易時，代理人的利益就不見得與委託人一致。委託人考慮的是他的各種需求是否被滿足，希望談判結果符合他的最佳利益；但是同時，對代理人來說，他的利益在於公司所提供的激勵措施。以房屋代銷為例，房屋仲介如果成交一筆買賣，他將會抽取一定比率的佣金，因此，不論最後的成交結果有多大程度滿足了委託人的需求，房屋仲介都會獲得某個比例的佣金。在此情形下，房屋仲介較購屋者有較為強烈的達成協議傾向，即便是在談判前，購屋者已經與房屋仲介表達他希望的目標價為何，房屋仲介仍可能會說服他接受現有的出價。當然，房屋仲介獲得仲介費是理所當然的，購屋者應該清楚瞭解房屋代銷公司的作法，在尋求有利合約的同時，也可以讓稱職的代銷人員賺取他應得的酬勞。

我該怎麼做？

留意代理人的利益將如何影響談判目標的達成。
清楚瞭解代理人的利益所在。

2. 代理人較不在意他與委託人之間的長期關係

同樣的，代理問題存在於委託人與代理人對於雙方的長期關係的看法未必一致。以購屋為例，大部分的購屋者不會經常購屋，因此他們和房屋仲介僅僅存在一次性的委託關係，他們比較不會顧慮到未來的長期關係；對於售屋這一方來說，房屋仲介也比較不會在意與屋主之間的一次性的委託關係，當房屋買賣成交之後，他們的委託關係也就終止了。對於委託人的聲譽，代理人也未必會極力的維護，談判過程中，若有需要，代理人可能將他的某些談判伎倆歸因為出自委託人的授權，但委託人卻被蒙在鼓裡。

3. 由於資訊不對稱，所產生的倫理困境與資訊扭曲

由於代理人在談判時掌握第一手的資訊，這些資訊未必是委託人能夠知道的，這時候代理人會有所謂的倫理困境（ethical dilemma），亦即，他所從事的談判行為可能對委託人不利，對他自己反而較為有利。然而，由於委託人無法隨時監督代理人的行為，以致於他要解決因為資訊不對稱所產生的代理問題，需要花費的代價過高，他必須承受由於代理人在倫理困境下所可能產生的自利行為。除此以外，在有代理人的情形下，資訊必須經過較多的人，以致於資訊扭曲的可能性增高。例如，屋主與其代理人提到關於他的某些屋況及出售條件，再告訴購屋者的代理人（有可能是同一位），再由購屋者的代理人告知購屋者，這中間有許多溝通的環節，有可能是不經意、也有可能是刻意，資訊會被扭曲與改變。

我該怎麼做？

留意代理人是否沒有告訴我一些對我有利的資訊。

4. 製造對立的氛圍

因為有代理人，原本的談判氛圍可能會改變。一位衝突當事人委託律師與另一位衝突當事人進行談判，另一位當事人也委託律師代理，這時候雙方的「代理人戰爭」可能會升高對立的情勢，讓原本已經不容易進行的談判，變得更加困難。在購屋情境中，如果買賣雙方都委託代理人進行談判，相較於購屋者與屋主之間的直接溝通來說，前者明顯更加對立，各自立場鮮明，盡可能爭取對己方最有利的結果。

我該怎麼做？

如果因為有代理人，造成談判雙方更加對立，這時候可以透過直接溝通，緩解雙方的對立氛圍。

5. 成本較高

實務上，代理是有成本的，尤其是專業的代理人，委託人必須支付一定的款項給予代理人作為酬勞。因此，委託人需要將這個成本納入他的考量中，做一個較為縝密的計算，評估聘請與不聘請代理人的差異以及利弊得失。不過，以房屋買賣為例，即便是購屋者或屋主自行買賣可以省去仲介費用，但是如果計入所花費的時間與精力，甚至是心理上的付出，總的來說，很有可能委託合適的房屋仲介協助進行買賣的作法還要更划算。

如果你是談判代理人，你該注意什麼？

既然代理人在談判中可以有效幫助委託人達成許多委託人自己不容易達成的協議，這樣的專業是值得肯定的，我們也應該善加利用優秀的代理人來協助我們進行談判。如果你本身是從事代理人這樣的行業，提供客戶相關的服務，收取合理的報酬，你應該注意以下幾點：

1. 妥善面對你與委託人之間的角色衝突

有些代理人將自己的好惡與立場當作委託人的想法，與談判的另一方進行協商，等到談到了某一個階段，跟委託人溝通，委託人才發現代理人的提案並不是他原先的想法，這時候代理人會嘗試說服委託人接受，兩人之間不免要進行另一場

「談判」。因此，代理人需要妥善面對他與委託人的角色衝突，委託人有他的想法、代理人有代理人的想法，他如何同理委託人的想法，又同時站在代理人的角度提供建議，讓兩者的想法趨於一致，是一大要務。

2. 妥善面對委託人與談判對手之間的角色衝突

代理人受到委託人的委託，協助從事談判，而談判對手則是站在談判的對立面，你們之間存在著目標與利益上的不相容。由於代理人常需要處在委託人與談判對手之間，協調雙方的不一致，找出讓雙方都可以接受的方案，因此，代理人應該在委託人與談判對手之間扮演一個橋樑，化解不必要的誤解，在談判中提供助力，而非阻力，促成委託人與談判對手達成一個創造雙方價值的協議。

3. 適切的資訊揭露，讓委託人有正確的期望

代理人介於委託人與談判對手之間，因此會獲得來自於談判對手的各種資訊，

同時也會獲得來自於委託人的各種資訊，代理人要揭露哪些資訊給委託人呢？何時揭露？這些問題需要審慎的評估，一方面應該避免委託人有不當的期望，另一方面他也應該適時調整委託人的不當期望。如果購屋者透露其實他的購屋意願不高，且在附近已經有看上其他的房子，雖然他有出價，但是成交的可能性不大，這時候代理人應該適時地揭露購屋者的購買意願，讓屋主不會有過高的預期。

委託一位代理人，你準備好了嗎？

綜合以上，你現在如果覺得委託一位代理人對你來說利多於弊，增加的成本遠低於代理人可以幫助你兌現的價值，這時候便是該認真考慮委託代理人的時候了。

不過，在面對代理人前，你需要謹記以下幾點：

1. 先瞭解自己的協議外最佳替代解

就像第一章所說，在任何談判之前，你應該仔細思考你的替代解，找出你的協議外最佳替代解，唯有如此，你才可以在談判中居於優勢。同樣的，在與代理人見面之前，你必須先自己分析一下，你的替代解有哪些？什麼是你的協議外最佳替代解？在自己清楚以後，再與代理人會面。

我該怎麼做？

找代理人之前，先瞭解自己的協議外最佳替代解。

2. 切勿告訴代理人你的底價

當你委託代理人為你談判的時候，他需要得知許多你的資訊，才能夠幫你爭取到最佳的談判結果。即便如此，他還是他、你還是你，你與他的關係還是存在代理問題，因此，除非你能夠百分之百信任他、百分之百相信他所做的一切行動都完全是為了你著想，不然的話，請不要告訴他你的底價。如果他跟你說，你如果不告訴他，他就很難幫你爭取到最佳的協議。一個可行的作法，你可以跟他說一個接近的數字，當作你的底價，跟他說這已經是你所能夠承受的極限了，然後再視情況修正你的說法。因為就如我們在前面章節說到的，底價是你心中的主觀概念，你的底價是可以隨時改變的，所以你實際上並沒有說謊。

我該怎麼做？

切勿告訴代理人你的底價。

3. 充分瞭解談判代理人

你要好好的認識這位代理人，瞭解他的人品與個性，瞭解他所屬的公司以及公司的文化，從你與他的互動中，觀察他的言行。因為你要讓他「代替」你進行談判，你當然應該充分認識這個人，要知道，**交給一位錯誤的代理人還不如根本不要進行談判！**

我該怎麼做？

從各方面瞭解你的談判代理人。

4. 讓代理人充分發揮他的專業

最後，當你決定了代理人之後，當你開始與他進行磋商，草擬你們的策略與作法，接下來一個很重要的原則是：讓你的代理人有足夠的空間，不要讓他綁手綁腳，這樣他才能夠充分發揮他的專業。

我印象中曾經班上有一個同學，她是一位資質聰穎的上班族，思考敏捷、數字觀念強，但說話讓人有咄咄逼人的感覺。一次在課堂中，同學們扮演房屋仲介的角色，代理客戶進行房屋的買賣，買方與賣方針對房屋的各項議題進行討論，試圖找出互相取捨的空間。在模擬談判的回饋階段，當我談到談判雙方需要建立互信時，她突然舉手：「老師你可能很久沒有買賣房屋了。」我說：「咦，怎麼說呢？」（其實的確，我當時是有一段時間沒有買賣房屋），她繼續說道：「老師，現在你如果去找仲介，他們都讓你自己去跟對方談判，而不是由仲介幫你跟對方談。」我被她突然打斷，為了課堂順利進行，技巧性地把話題拉回到整合談判。回去以後，我左思右想，這位同學為什麼有如何的想法與提問？難道她遇到的仲介真的是如此？

後來我有了答案，我回想這位同學在課堂上的談判表現，因為她的得理不饒人的個性，許多同學向我反映不希望跟她一組，因為會談得很不愉快。我歸納後推測，或許是她遇到的仲介也發現很難幫她談判，乾脆讓她自己與對方談，以免產生爭議。後來我在第二次上課下課後跟她分享我的想法，鼓勵她在人際互動上跨出信任的第一步，善用代理人的長處，如此將可以完成超過自己一個人所能夠做到的事。

我該怎麼做？

讓你的談判代理人充分發揮他的專業。

第八章

公親不要變事主
第三方的功用

為何要引入第三方？

當你與一個人有衝突的時候，你與他之間有激烈的齟齬，或是因為某些不相容的目標你們相持不下，這時候你最不想見到的可能就是這位與你衝突的人，那麼你要如何與他展開有建設性的談判呢？一個可能的作法是，邀請第三方加入你們的談判過程。在國際政治裡，國與國之間的紛爭時常需要透過第三方進行調停，一九七八年的大衛營協議（Camp David Accords）便是其中著名的例子。當時的美國總統卡特（Jimmy Carter），邀請以色列總理比金（Menahem Begin）與埃及總統沙達特（Anwar Saddat），前往美國進行為期十二天的會議，最後在首府華盛頓簽下了兩份重要文件，並在第二年正式簽署了和平條約。此次談判之所以成功，卡特總統厥功至偉，他分別與比金、沙達特建立私人友誼，誠心化解雙方爭議，進而達成劃時代的協議。一般來說，有三種情況你需要第三方的介入：

1. 你與衝突的對方失去了互信的基礎

你不相信他，他不相信你，你們之間有許多誤會，以致於無論你說什麼，他會曲解為另外的意思，或是他說什麼，你也會解釋為不同的意義。在毫無信任的情形下，你們之間不可能進行有效的溝通來解決衝突。

2. 談判毫無進展

你們雙方曾經努力溝通過，也針對具體的議題進行討論，然而卻毫無進展，或是談判已經破局，無法繼續下去。對任何一方來說，雙方的立場南轅北轍，無法找到交集，此時引入第三方或許可以對談判有一線生機。

3. 面子問題

你或許信任對方，對方也信任你，你們也並沒有談判破局，但是，你或是對方卻礙於面子，拉不下臉來進行談判。這點在華人社會來說常常存在，家人之間有時候意見不合，但因為輩份不同、過於親近，或是種種情感上的羈絆，讓當事人說不出口，無法坐下來好好談，以致於衝突情況長時間持續而未能化解。

我該怎麼做？

當你無法與談判對手有建設性對談時，可以適時引入第三方協助處理衝突。

透過第三方的介入，衝突的雙方將有了溝通的管道，而且第三方可以協助找出雙方可能的交集，讓達成協議的機會得以提高。在實務上，屬於家庭或是朋友間的衝突，合適的第三方人選會是雙方的家人、朋友；屬於工作上的衝突，合適的第三方人選包括雙方的同事、主管，或不同單位的同事或主管；屬於個人與鄰居的衝突，社區管理委員會或許是一個選擇，也可能其他的鄰居會是合適的人選；至於陌生人之間的衝突（如車禍事故）或是勞資糾紛等爭議，則可以透過正式的調解機制所選派的調解人或仲裁人來處理。針對不同情況，第三方的人士需要具備不同的知識背景（如法律專業或工程專業等），但無論何種情況，第三方必須具有足以協助解決該衝突情況所需的EQ與能力，而不會將問題變的更為複雜難解，或是讓衝突情勢更加升高，或甚至有時候第三方公親變事主，原本的問題不但沒有解決，反而產生了新的問題。以下是一個常見的調解實例。

談判情境劇場

多虧管閒事的鄰居

鄰居A：這裡不能夠隨便放置物品！

鄰居B：誰規定的？你是誰？你沒有權力管別人的事！

鄰居A：我們社區就是有你這種沒有公德心的住戶！

鄰居B：住口！你再說一次，我就……

鄰居A：怎麼樣！我怕你嗎？

鄰居C：欸呀！幹嘛小事要吵成這樣！（把兩人拉開）

鄰居A：他在這裡亂放東西！

鄰居B：你管我？你算老幾？

鄰居C：都是老鄰居了，別吵了！

鄰居B：你看他的口氣！他以為他是誰！

鄰居C：（看著A，示意安撫他）好了！好了！（耐心地對著B說）這裡是進出口，會擋到人家，地下室有一個地方專門放置回收物。

鄰居B：（自知理虧）就好好講嘛！

在這個案例中，鄰居A與B之間有衝突，A覺得B亂放東西，B覺得A沒有權力管他，而且口氣很差，兩人便起了口角。剛好此時C經過，C把兩人拉開，以免造成肢體衝突，並且好言相勸。C讓B感覺到，他有試圖要A不要再用這樣的口氣說話，讓B覺得他是中立的；同時也向B解釋說，他放物品的地方會造成出入不便，說之以理，讓他自知理虧。從這三人的互動中我們可以看到，衝突雙方都彼此講出情緒性的字眼，還好有C扮演調解人的角色，讓這個衝突順利落幕，問題也得到解決。

第三方的類型與角色

類似於上述案例的例子，我們在生活中或在組織中常會引入第三方來解決人與人之間的衝突，我們可以用第三方具有的決策權大小來區分第三方的類型，並說明

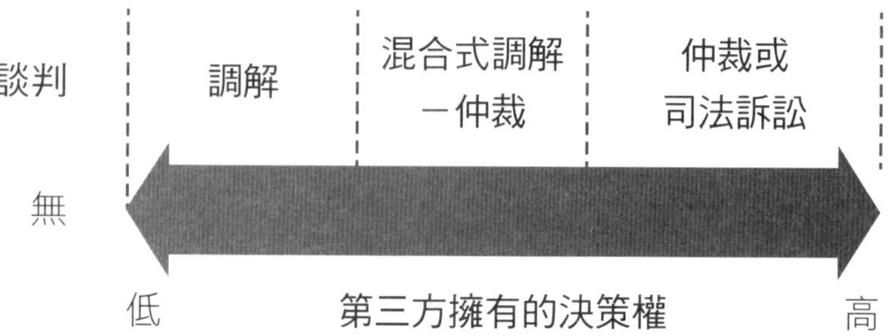

圖四　第三方的類型與決策權

第三方在解決衝突的過程中所扮演的角色，下圖顯示不同程度的決策權。*

圖的最左方是談判，表示衝突雙方具有衝突解決的決策權，沒有第三方參與。圖的最右方是仲裁或司法訴訟，表示衝突雙方對於最終決策沒有決定權，完全由第三方（仲裁人、法官）來決定。位於中間的型態自左到右依序為調解、混合式調解－仲裁，這兩種型態的衝突雙方對最終決策仍然保有一定程度的決策權，混合式調解－仲裁，這是一種結合調解與仲裁的衝突解決形式，這種作法中第三方會進一步協助雙方達成最終的協議，不過第三方仍然不會強加最終決定，而是讓衝突雙方自行做成決定。

綜合以上，我們將談判、調解、仲裁等非以訴訟方式來解決衝突與爭議的型態統稱為**替代性爭議解決方式**（Alternative Dispute Resolution，英文簡稱ADR）。

*不同國家與文化，存在不同的法令規章及文化規範，因此這些類型與角色的意義會有所不同。

一般實務上的程序是，若是衝突雙方無法自行協商談判，則尋求以調解的方式來解決；如果調解不成功，則進一步訴諸仲裁；若當事人不服仲裁結果，最終則是透過司法來解決。在國內的相關機構與處理機制包括：鄉鎮市調解委員會、縣市政府勞資爭議調解與仲裁處理機制、中華民國仲裁協會等。

有效的調解

哥德伯格教授為《解決紛爭》一書的其中一位作者[25]，他除了曾擔任法律學院教授之外，也曾身兼調解人與仲裁人，在Prosando vs. High Tech的西北大學爭議處理個案中，他描述了當時他所主持的一次調解協調會的情形。該案的爭議雙方分別為加州的電腦公司以及中南美洲經銷商，哥德伯格教授與爭議雙方共同會談後，與其中一方會談，瞭解該方的想法與底線；在不透露給對方的前提下，再與另一方會談，瞭解該方的想法與底線。分析雙方的想法後，他構築出一個同時可以滿足雙方利益的協議框架，成功地促成雙方未來的合作，並且打消了透過訴訟來解決爭議的想法。正如哥德伯格教授描述的成功案例，研究指出，調解是解決衝突的一個絕佳的方法，因為它具備了一些仲裁與訴訟程序所沒有的優點[26]：

1. 具有發言的機會：透過調解，當事人可以掌握發言權，表達出自己的想法。
2. 宣洩情緒：在調解的過程中，當事人可以宣洩他的情緒，而不是只有邏輯分析與冷冰冰的數字。
3. 具有過程控制權：在調解的過程，當事人可以參與決策，一同建構協議的程序。
4. 具有結果控制權：在調解的最後，當事人可以選擇接受或不接受調解的結果。
5. 對結果具有掌控感：由於調解過程中的參與，當事人對於調解結果具有一定程度的掌控感。

6. 獲得較少卻可能感到較公平：我們之前提過，談判結果常是主觀的感受，而不只是客觀的結果。透過調解，有可能當事人在客觀上獲得較少的利益，但在主觀上他的公平感較高（不公平感較低）。

既然調解的優點這麼多，如何進行成功的調解便非常重要，調解者應該如何進行調解呢[27]？首先，**調解者應該在調解的初期設立清楚的會談原則**，例如，不可以打斷對方的話，應該傾聽對方的說法等。會談原則的設立將有助於調解的進行，讓衝突雙方能夠依循原則來進行良性的互動，降低雙方的敵意，讓彼此都願意跨出一步，與對方溝通，瞭解彼此的想法。

我該怎麼做？

如果你是調解者，你應該在調解初期設立清楚的會談原則。

其次，**調解者應該尊重衝突的各方，贏得信任**。有效的調解者應該是中立的，不偏袒任何一方，以相同的方式對待每一位當事人，尊重他們的想法、獲得他們的信任，這樣才能夠順利進行調解。再其次，調解者應該以詢問的方式，引導當事人思考如何解決衝突，透過調解者的引導，朝向能夠滿足雙方利益的方案邁進。無論是個別會談或是邀請所有當事人一起協商，調解者的目的都在於構築一個雙方都能接受的整合解。

曾經我的一位學生跟我提到一個他自己成功調解家庭衝突的案例。他太太的兄姐們為了遺產分配問題弄得非常不愉快，哥哥並沒有按照母親遺言，反而要求姊妹都放棄繼承，姊妹們不願意走法律途徑，但又對此束手無策。作為「外人」的妹婿不得不挺身而出，邀集太太家族的長輩們一同開會，試圖尋求解決之道。照這位學生的描述，一開始場面有些火爆，哥哥質疑他不應該介入家族的事，但他清楚表明自己是以中立的立場，希望家族能以和為貴，並且曉以大義，讓哥哥瞭解若不照母親的遺言而行，未來手足之情將毀於一旦。經過一番折衝，這場家族紛爭順利落幕。這個例子可以說明，第三方若是扮演好成功調解者的角色，獲得衝突各方的信任，將可以成功化解人際間的衝突。

我該怎麼做？

如果你是調解者，你應該不能有所偏私，引導雙方朝向滿足彼此利益的方案邁進。

調解者可以採取的具體作法包括：

1. 改變實體距離與心理距離

如果衝突雙方可能產生肢體暴力、如果是國與國之間則可能是戰爭，這時候調解者應該盡快將衝突雙方予以隔開，減少彼此實體接觸的機會，以免擦槍走火，造成更大的傷害。就心理上，如果雙方或某方已經產生陰影，無法與對方對話，這時候調解者也應該適度地將雙方隔開，以利後續的調解。一旦衝突雙方有了基本的信任，調解者可以一步一步減小雙方的距離，藉以習慣新的互動模式。

2. 改變議題

衝突雙方常常會進入激烈的威脅—反威脅階段，從各自的立場出發，表達各自的不滿，似乎絲毫沒有整合的空間，這時候調解者可以做的是重新建構議題，引導當事人從原本堅持的立場轉為思考這些立場背後的動機與需求。這裡的議題形式可以包括議題的內容與呈現方式，以及不同議題之間的優先順序。

3. 改變溝通方式

當衝突當事人已經滿腹委屈，或是氣憤難耐，調解者可以做的是協助他們恢復冷靜理性的溝通，將之前失控的負面溝通模式予以置換，幫助他們建立一套良性的溝通模式，針對事情，而非針對人，目標在於解決問題，而非增加問題。透過溝通方式的改變，調解者將可引導衝突雙方朝向積極的衝突管理來邁進。

4. 協助跨越心理障礙

有時候衝突一直未能得到解決是因為當事人對某些想法遲遲無法釋懷，以致於衝突解決的進程卡在某個點上而停滯不前。此時，調解者可以化身為諮商者，分享他個人的觀點，引導當事人跨越心理障礙。一旦順利走出來，接下來的問題很可能就相對容易許多。

主管需要調解部屬的衝突嗎？

在工作上，我們常會遇到同事間的衝突。當同事間有衝突的時候，主管應該扮演調解者的角色嗎？在實務上，同事間有衝突，主管多半不會使用調解的方式，而是使用詰問法（inquisition）或是仲裁的方式居多。也就是，主管通常是以一個上對下的姿態，要求部屬說明事情的原委，甚至是質問部屬的想法，最後再以主管的立場做出最終決定，部屬只能選擇接受。為什麼主管不傾向使用調解來處理部屬的衝突呢？以下列出可能的原因[28]：

1. 與衝突結果之間有利益相關

由於同事間的衝突往往是基於工作任務上的不同意見，如果無法順利解決，將會影響所屬單位的績效，這不是主管所樂見的。

2. 做決策是職責所在

對主管來說，單位內的事就是他的事，因此，部屬若有衝突，他認為自己應該是做決策的人，自然就不傾向交由衝突當事人做決定。

3. 缺乏調解技能

組織內各級主管都有其所屬的專業（如工程、會計），他們未必具有調解的相關技能，也未必具備溝通與協商的技能。因此，如何透過調解來解決衝突對他們來說是陌生的。

4. 沒有時間

主管通常是相當忙碌的，要他們抽空調解部屬的衝突，可以說是非常困難。他們寧願花時間進行單位的規劃與管理，而不是花在解決部屬間的衝突。

5. 擔心無法獲致結果

就算主管有心扮演調解者的角色，他未必能夠順利完成調解，以致於問題懸而未決，導致單位業務停擺。因此，在擔心無法獲致結果的前提下，主管很可能寧願用詰問法或仲裁的方式來處理部屬間的衝突。

6. 職位高於衝突雙方

主管的職位高於部屬，如果扮演調解者的角色，可能會讓部屬覺得與主管的角色不符。主管既然是主管，他就有職位權，因此使用調解來解決衝突往往不被部屬甚至是主管自己所認可。

然而，既然我們提到許多調解的優點，而主管又不傾向採取調解，我們應該如何面對這個矛盾心態呢？我認為，主管應該視實際的情況來決定是採用詰問法或仲裁的方式，還是採用調解的方式來解決部屬間的衝突。在時間允許的情況下，盡可能讓部屬自行面對衝突、解決爭議，主管則設立一些人際互動基本原則讓雙方遵循；需要時，主管再介入瞭解問題，協助部屬找出答案。主管可以利用這個機會，提升部屬的衝突解決能力，改善單位的績效。就主管本身而言，也可以藉機學習衝突調解的要領，增加個人的領導與管理潛能。

我該怎麼做？

如果你是主管，可以嘗試讓你的部屬學習如何面對彼此間的衝突，自己扮演第三方調解者的角色。

第三部分

影響談判的個人因素

第九章

你到底是為誰好？

動機對談判的影響

談判背後的動機

在我的談判課中，我會遇到一些同學非常困惑的問我：『談判真的都要爭取對自己最佳的利益嗎？但是我並不想要這樣啊！』聽到這樣的問題，我其實內心是為他們高興的，因為我知道，這些同學在談判時通常會更多為別人著想，更少為自己著想。當他們談判時，並沒有要堅持得到什麼，而是更多希望對方得到他想要的。譬如說，有些人經過地攤買東西，他們不但不想要殺價，他們想到的其實是，這個攤位都沒生意，我買些東西幫他一下；或是經過商家，他們會想，這些店員很辛苦，我不要連他們的佣金都被我殺價殺掉了。

這樣為他人著想的人，在談判中會不會比較不利呢？完全為自己利益著想的人，是不是會有較佳的談判結果呢？如果我的談判對手總是反過來為我的利益著想，我要如何回應他呢？如果我的談判對手只為了他自己的利益著想，完全不顧慮我的利益，而我在意的又是更要為對方考量，那會產生什麼後果呢？

以下，我們將針對三種類型（利己者、遷就者、競爭者）的談判動機進行分析，我們分別會分析談判雙方的各種組合，以及對於不同類型的談判者，你應該如何進行談判。我們將這三類型的定義為：

1. **自利者**：堅持自己的利益，不在乎對方利益的多寡。
2. **遷就者**：配合對方的利益，不在乎自己利益的多寡。
3. **競爭者**：最大化自己利益優於對方利益的差距。

究竟哪一類型的談判者會有較佳的談判結果？哪一類型的談判者會有比較差的談判結果？我們應該做哪一型的談判者？在這裡我先不提供任何答案，留待各位讀者自行思考。因為這個答案牽涉到每個人的價值觀，什麼是你想要追求的？什麼是你的目標？接下來我們要談的是，如果你的談判對手具有某一類型的動機，你應該如何面對他？我們會以下圖的談判組合次序，一一進行分析。

自己 談判對手	自利者	競爭者	遷就者
自利者			
競爭者			
遷就者			

圖五　談判動機組合

1. 面對自利者如何談判？

如果你的談判對手是自利者，你應該如何與他談判呢？假設你也是自利者，這時候你們之間將會面臨激烈的談判過程，在討價還價中，你的對手不願意退讓、你也不願意退讓，你們各自都希望獲得對自己最有利的結果，而且會採取積極的方式進行出價，不輕易讓價。對你們來說，要破解談判僵局，最好的方法是你們共同朝向雙贏的方向前進，找出能夠同時滿足雙方利益的可能性，從中得到最佳解。當然這不是一件容易的事，因為你們雙方都非常在乎自己利益的最大化，你們需要花時間溝通、分享資訊，以耐心及智慧來解決雙方的歧見。

具體的作法是，你們**雙方都應該思索這次談判的真正目標**，自己的利益是什麼？為了達到自己的目標，有什麼是可以與對方進行交換的？透過傾聽對方的想法，找到可以同時滿足雙方利益的可行解。如果無法滿足雙方的利益，必要時尋找某種妥協的作法，雙方各退一步，得到一個彼此都願意接受的可行解。

我該怎麼做？

面對自利者，如果你也是自利者，找到能夠同時滿足雙方利益的各種可能性，如果沒辦法同時滿足雙方所有的利益，這時候應該尋找一個彼此都願意接受的可行解。

如果你是競爭者，你要如何與自利者談判呢？自利者與競爭者之間的談判也一樣是非常激烈的，與前面自利者與自利者之間的談判不同的是，自利者希望獲得對自己最佳的利益，不在乎對方利益的多寡，但是競爭者則是希望自己得到的比對方更多，因此在討價還價的過程中，競爭者會非常注意雙方的差異，一定要得到的比對方多。如果你是競爭者，對方是自利者，你在意的是贏對方，而且越多越好，這往往會讓對方不悅。因為他會發現，與其說你是想要增加自己的利益，不如說你更想要的是「贏他」。這樣的心態會讓對方心情很差，為什麼要讓你贏呢？憑什麼自己要輸？而且是輸給「你」？當你激發出這樣的想法後，你的對手會因為你的競爭心態，而變得跟你一樣，也會以贏你為目標。

因此，我的建議是，你**應該審慎思考自己的動機**，你為什麼要與對方談判？在你贏的動機的背後，你真正在乎的到底是什麼？在重新界定了自己的利益與需求之後，你們的談判將可以朝向滿足雙方需求的方向前進，而不會轉變為彼此之間的意氣之爭。

我該怎麼做？

面對自利者，如果你是競爭者，你應該審視自己的談判動機，試著朝向滿足雙方需求的方向努力。

如果你是遷就者，在面對自利者時，對方希望獲得自己的最大利益，而你也樂意配合對方，較少考量自己的利益，這樣的談判似乎是一拍即合，很快就會達成協議。而且協議結果正如同你們雙方所期望的結果，他獲得最大的利益，你獲得較少的利益。這樣的談判結果固然滿足了雙方的談判動機，但是我的建議是，作為遷就者，你應該好好思考你的動機背後的原因，當談判結束後，你是否會後悔？你是真的不考慮自己的利益嗎？還是你其實只是不想要與對方進行談判，找到一個可以滿足你自己利益與需求的結果？有沒有可能當你認清了自己的利益與需求，並且積極獲取這些利益與需求，反而對於對方會更好呢？讓我們看一下以下的例子。

談判情境劇場

總是順著兒子的母親

兒子：我需要一萬元。

媽媽：你要用來做什麼？一萬元夠嗎？

兒子：對耶，不大夠，二萬元好了。

媽媽：（一邊去拿錢）我覺得你也要規劃一下自己的收支。

兒子：我有啊！

媽媽：你要量入為出。（自言自語）我的錢都是一點一點省下來的退休積蓄。

兒子：（沒有仔細在聽）喔，我會的。

媽媽：這是三萬元……

兒子：晚上見囉。

媽媽：……

上面的例子描述了一位遷就者（母親）面對一位自利者（兒子）的互動過程，具有遷就動機的母親完全為兒子著想，而不為自己著想，將自己辛苦積蓄的退休金拿給孩子花用。而孩子呢？只想到自己需要多少錢，卻沒有一個好的財務規劃，長久以往，這樣的情形持續下去將會養育出了一個媽寶或甚至是行為偏差的兒子。這位母親認為兒子的所有需要都是最重要的，凡事都依著兒子，但是她沒有想到，其實真正要為了兒子好的話，未必是要滿足他的每一個要求。

也就是說，**遷就者不但應該檢視自己的動機，也要思考對方的利益與需求**。有哪些是應該被滿足的？有哪些是不應該被滿足的？然後再做出你的決定。若是一位遷就者在省思自己的動機之後，發現自己所要的的確就是滿足對方的利益與需求，讓對方獲利確實是正確的方向與選擇，那就讓對方獲利吧！

我該怎麼做？

面對自利者，如果你是遷就者，你應該先檢視自己與對方動機的背後，有哪些利益與需求是應該被滿足的？有哪些是不應該滿足的？然後再做出你的決定。

2. 面對競爭者如何談判？

如果你的談判對手是競爭者，你應該如何與他談判呢？如前面所說，如果你是自利者，你們之間將會面臨激烈的談判過程。這時候，對方很在意獲得比你更多的利益，而你在意的是你的利益最大化，並不在意與對方之間的比較。當面對競爭者時，你不要被他的競爭心態所激怒，他是他、你是你，重要的是你知道自己要的是什麼，而不是對方要的是什麼。如果他在乎的是贏你，而最後的結果的確他的目標達成了，你也不必為此而感到忿忿不平，只要你也得到了你所追求的目標就好。換句話說，你應該將焦點放在自己身上，而不是放在對手對你的態度上。

更積極來說，**你應該儘可能引導對方思考他的利益與需求，讓他瞭解談判的重點不在贏或輸，而是在於他真正要的是什麼。**如果他贏了你，卻無法得到一個滿足他自己利益的結果，這又有何意義呢？並且你可以跟對方說，你們可以共同找到一個同時滿足雙方利益的解答，但是需要雙方一起努力，光憑你是無法達成合作的，你需要他的參與。

我該怎麼做？

面對競爭者，如果你是自利者，你應該將焦點放在自己身上，不要在意對方的競爭心態，並且引導對方思考他的利益與需求，向他說明要達成雙方合作，需要他的參與。

如果你也是競爭者，你要如何與競爭者談判呢？相較於其他的組合，競爭者與競爭者之間的談判是最為激烈的，因為雙方都希望自己所得到的比對方更多，因此在談判的過程中，雙方都非常注意與對方的差異，一定要贏過對方。既然你是競爭者，你很瞭解對方的意圖，因為你本身也有類似想法。你們之間的談判極可能衍生出敵對的心態，彼此間勾心鬥角、相互報復，這樣的發展對談判相當不利。

如何能夠避免這樣的情況呢？如何能夠讓激烈的你爭我奪轉為建設性的談判

呢？我的建議是，**雙方找出一些彼此都接受的公平原則或互動規範，在這些原則或規範之上彼此進行議價**。就像是籃球比賽，雙方都想要贏得比賽、都想用盡全力贏球，但前提是球員們都必須遵守比賽規則，在既定的規則下各自努力。也就是說，競爭者與競爭者的談判中，應該找到雙方都接受的原則或規範，作為談判的基礎。若有機會，雙方應針對各自的動機坦然面對，放下彼此的競爭心態，共同創造合作的契機。

我該怎麼做？

面對競爭者，如果你也是競爭者，找出一些彼此都接受的公平原則或互動規範，最佳的作法是雙方放下競爭心態，共同創造價值。

如果你是遷就者，在面對競爭者的談判情境中，你盡量為對方著想，但是因為對方的競爭心態，會想要盡可能佔你便宜、從你這邊獲利，這樣的結果會使你完全無法獲得應得的利益與需求滿足，反而讓對方予取予求。

因此我的建議是，作為遷就者，你**應該好好思考自己的動機背後的原因**，什麼是你真正在乎的？滿足對方的利益與需求是正確的方向嗎？你是否也應該積極爭取自己的利益與需求？同時，你要思考的是，你應該如何與競爭者進行溝通與談判？如果過去你一直退讓，這一次應該改變作法，設下堅定的界線，不輕易讓步，並且訂定你的談判目標。除此以外，你應該審慎評估談判對手的態度，你要如何改變對方的競爭心態？唯有積極地面對對方，解決雙方的衝突點，才是正確之途。最後，如果經過評估後，你覺得短時間內無法克服自己的談判劣勢，這時候或許你應該選擇迴避這次的談判，等未來你在心理上以及在談判能力上有所突破之後，再找機會與對方談。

我該怎麼做？

面對競爭者，如果你是遷就者，你要認真思考自己的動機，確認自己的利益與需求，並審慎評估對方的態度，積極解決雙方的衝突點。迫不得已時，你也可以選擇迴避這次的談判，等未來有合適的機會再談。

3. 面對遷就者如何談判？

如果你的談判對手是遷就者，你應該如何與他談判呢？如果你是自利者，你可能會覺得這樣的對手太容易應付了！因為他們非常樂意退讓，讓你獲得較大的利益，即使你可以從潛在協議區間中獲得較大的餅，對方也不會介意（不但表面是如此，對遷就者來說，他們真心希望對方得到較大的利益）。如果你以這樣的方式進行談判，在多數的情形下，的確你會獲得你所想要得到的利益。話雖如此，我對自利者的建議是，千萬不要完全忽視遷就者的利益與需求，不要濫用對方的善意，在談判中你仍然應該盡可能保有某種程度的公平性，在合理的範圍內獲取你的利益，同時也讓對方獲得他應得的利益，這樣才是正確的作法。

我該怎麼做？

面對遷就者，如果你是自利者，在合理的範圍內獲取你的利益，但也要讓對方獲得他應得的利益。

如果你是競爭者，你要如何與遷就者談判呢？大致來說，我的建議與前面身為自利者的建議是類似的，還是應顧慮遷就者的利益與需求，應該盡量做到公平，在合理的範圍內獲取你的利益，但也同時讓對方獲得他應得的利益。尤其，競爭者應該注意，由於自身的競爭心態使然，往往不自覺地會做比較，因此，在與遷就者之間的利益差距擴大時，不但成就感會油然而生，甚至會自覺驕傲，覺得對方在談判上不是對手。這樣的心態其實是不好的，由於你的優勢談判成果，部分來自於對方的善意與讓步，此時**競爭者更應該謙虛以對，對於談判對手抱持應有的尊敬與誠意。**

我該怎麼做？

面對遷就者，如果你是競爭者，應該對你的談判對手抱持應有的尊敬與誠意。

如果你也是遷就者，在面對遷就者的談判情境中，你們雙方都盡量的為對方著想，以致於有可能產生僵局，這個僵局不是來自於各自堅持自己要獲得較大的利益，反而是各自都堅持對方的利益應該被滿足，因而相持不下。就像在連續劇中的橋段，女主角為了疼惜男主角，堅持不要跟男主角在一起，而男主角也因為愛對方的緣故，與女主角之間保持若即若離的關係，以致於觀眾的心一直懸在半空中，一直到劇的結尾（通常是為了增加收視率），兩人才「有情人終成眷屬」。

當遷就者遇到遷就者，這時候應該怎麼談呢？我建議的作法是，**雙方理性的坐下來，共同檢視雙方的利益與需求**，哪些利益與需求才是雙方真正在意的？若是雙方都認為，對方的需求比較重要，那麼雙方應該試著一同找出能夠讓雙方利益都滿足的方案，而且要告訴自己，在滿足對方利益的同時，滿足自己的利益也是不錯的選擇（這樣想好了，滿足你的需求，不也是滿足了你談判對手的期望嗎？而你要的不就是滿足對方的利益嗎？）。

我該怎麼做？

面對遷就者，如果你也是遷就者，你們應該共同檢視雙方的利益與需求，試著一同找出能夠讓雙方利益都滿足的方案。

在談判中做一個合作者

前面我們分析了自利者、競爭者、遷就者的談判風格，也提供了一些建議給自己是自利者、競爭者、遷就者的談判者，總的來說，我們的建議是，不論何種配對組合，最重要的是談判雙方盡可能展現「合作者」的風格。什麼是合作者的風格呢？做一個合作者就是**儘可能同時最大化雙方的利益與需求的滿足，朝向之前提到的整合談判的方式前進，而且期待談判的結果對雙方都是公平的**。例如，作為合作者，談判雙方應適時提供一些有助於滿足談判雙方需求的資訊，試圖瞭解對方的想法，從對方的角度思考問題。唯有同時顧及己方與對方的利益與需求，才能夠獲致最佳的談判結果。

合作者在多數情況下，的確是一位幹練的談判者應該具備的風格，但是，展現這樣的談判風格卻有時候無法奏效。什麼樣的狀況讓合作者無法促成雙贏的結果呢？謝爾（Shell）在他的《華頓商學院的高效談判學》（*Bargaining for Advantage*）一書中提到，[29]雖然合作者非常善於透過協商來解決問題，在談判時也總是抱持著真誠且堅定的態度進行溝通，但是他的談判對手卻未必會領情。謝爾指出，當合作者遇到的談判對手是不喜歡與人衝突、不希望透過溝通來解決問題的人，他的合作特質便無法發揮出來。這時候應該怎麼辦呢？一個建議是，此時合作者應該放慢腳步，不要讓對方感到自己咄咄逼人（雖然他完全不覺得自己有任何咄咄逼人的態度與行為），傾聽對方的想法。等到對方願意一同坐下來溝通時，合作者再開始運用合作技巧，引導對方共同創造價值。

我該怎麼做？

在協商中盡可能展現合作者的風格，提出可以創造價值的選項。當你遇到不希望與你尋求雙贏的人時，可以先放慢腳步，傾聽對方的想法，等時機恰當時，再進行談判。

第十章

氣死了，不談了！

情緒對談判的影響

情緒與談判

當你開車在馬路上，因為旁邊的車突然卡進來，你心中瞬間怒火中燒，想要停下車來與對方駕駛理論；當同事獲得主管的大力稱讚，而你認為他的績效大部分是你的功勞，你心中立刻有個衝動，要找他對質或是向主管申訴，以爭取自己應得的肯定；你的朋友在群組中提到一件關於你的私事，你覺得他不尊重你，沒有先詢問你，就公開於群組中，你想要找機會跟他說清楚。以上的狀況中，生氣與憤怒的情緒左右了你的思緒，先前所學的如何理性分析你的底線、目標價、設想你的協議外最佳替代解等，在當下似乎都被拋在腦後了，因此，我們必須認真思考情緒對於談判過程與結果的影響。

談判演練中暴怒的同學

我在校內開授談判課程，修課的學生大多是同一班或前後屆的同學，因此多半認識彼此，或是或多或少知道對方。在進行談判演練時，他們多少會顧慮到同學的情誼，即使是在扮演激烈對立的狀況中，也未必能夠完全演練出真實世界你爭我奪的情形。不過，我偶爾也會開授研習班的課程，授課對象是一般大眾，班上同學彼此之間是完全不認識的。

就在某次談判研習班的課堂裡，那一堂課的主題是探討談判中的情緒，我們進行了模擬演練，作法是一半的同學是不知情的談判方，另一半同學則是要扮演出生氣的情緒，我請不知情的同學在授課教室內閱讀個案內容，讓另一半同學到不同的教室，我過去那間教室發下一張如何表現生氣情緒的說明，並且告訴他們這次的課程內容就是要研習情緒對談判的影響。就像我在校內正規課程的班上，這些同學都很快就能掌握住要領、進入角色（很顯然每個人都對展現生氣情緒一點都不陌生），並且各組進行任務分派（因為通常有三人是安排在同一方，某人或兩人表達生氣的話〔扮黑臉〕，小組另外的一人可以扮演白臉的角色，平衡一下，至於他們的談判對手則是不知情的三位學員）。在十五分鐘的演練過後，談判正式開始，每一組在不同教室進行談判，我穿梭在各個教室中觀察各組的互動，正當我經過某一教室時，聽到有兩位學員彼此大聲斥責對方，其他同學也沒辦法勸他們息怒。顯然，其中一人是故意演的，但是另一位不知情的同學真正被他激怒了，無法控制情緒，雙方持續互嗆一段時間，直到後來我必須站在他們兩人中間，才讓那位不知情的同學漸漸氣消。談判結束後我們進行上課回饋，分析各組的談判結果，尤其，那一次我們特別討論各組的生氣情緒是如何影響到該組的談判過程與結果。令人遺憾的，那位不知情的同學在休息時間時就先行離開了，而且接連幾次都沒來上課。

事後我覺得他的缺席非常可惜，我由衷希望那天的經驗讓他獲得寶貴的功課，也就是，在談判中我們必須管控好自己的情緒。

不同情緒伴隨不同效果

不只是生氣，人們的各種情緒都會對談判有所影響。我們在前面章節曾經提到，太快接受對方的出價會讓對方感到懊悔、不安、難過的情緒，因而在最後拒絕簽下合約，或是達成協議後到處分享他的不愉快經驗；你的談判對手也可能會利用你的不安情緒來影響你，讓你當下做出高風險性的決策。因此，無論是失望、嫉妒、挫折、難過、懊惱、不安、擔心等負面情緒，都可能讓你在談判中衝動做出決定或是過於猶豫不決，導致談判策略與行為偏離了應有的理性分析。反過來說，談判者的正面情緒，如快樂、熱情、期待、警覺等，也會對談判的進行與結果有直接的影響。以下我們將針對生氣與快樂這兩種最常見的情緒進行探討，並且說明實證研究的一些發現帶給我們的啟示。

生氣可以達成什麼？

人們對正在生氣的談判者有什麼反應呢？為什麼有些人會習慣性地以生氣來開始談判？簡單來說，他們如此開啟談判的原因在於，他們知道一般人通常會對生氣的談判者讓步！當一位氣沖沖的顧客，向餐廳表示湯裡面有蟲，店家的第一個反應會是表達歉意，並且願意做出某種補償，以免這位顧客進一步發怒，影響其他人的用餐。以下是發生在一家電信公司門市櫃檯的情景。

談判情境劇場

電信公司門市櫃檯的顧客抱怨風暴

顧客：搞什麼東西啊！我在這裡等了那麼久了！

服務員：不好意思，因為前面的顧客還沒處理完，麻煩再稍等一下。

顧客：明明是你們慢吞吞！

服務員：不好意思。

顧客：我在趕時間欸，這是什麼服務啊！

服務員：前面的顧客結完帳，馬上就換您了！

顧客：（拉高聲音）馬上個頭！我已經等了不知道多少個馬上了！

經理：我是經理，非常抱歉，有什麼需要我來服務的嗎？

顧客：（口氣變和緩）我想要繳費。

經理：好的，我來幫你處理……

上面的例子我們看到了一個常見的情形，店家為了避免這位顧客不斷地抱怨，便直接由經理接手服務這名顧客，但是這樣的作法，也就表明店家直接對這位顧客讓步。對於這位顧客而言，他的不當行為換來了快速的服務，滿足了他立即的需求，根據史基納（Skinner）的強化理論（theory of reinforcement）[30]，行為的結果影響未來行為的發生，「我只要隨便罵一下，馬上就可以輪到我」，這樣的作法只會讓他未來更為囂張。顯然這是不對的，也對其他顧客不公平，但這卻是我們在談判時常會使用的策略，對展現生氣情緒的談判對手讓步。

一項研究結果支持了上述的說法[31]，也就是人們的確比較會對生氣的談判者讓步，以致於生氣的談判者往往可以得到他們所要得到的。換句話說，談判者的生氣情緒傳遞給對手的資訊是：「我很生氣！我的出價就是這個，它就是我的底價，我不會再退讓了！」這也代表說，生氣者的出價壓縮了談判雙方的潛在協議區域，但是他不願意退讓，只有另一方必須退讓，別無選擇。既然對方傳遞出如此強硬的訊息，另一方通常為了達成協議的緣故會選擇讓步，以致於自己所獲得的價值較低，成為談判的輸家。這也是為什麼有些人因此拿翹了，一再以生氣的情緒開啟談判，因為他們知道，大多數人是會退讓的，只要他保持生氣的情緒，他就可以得逞。

我該怎麼做？

不要讓生氣的談判對手一再得逞，否則他們會繼續使用生氣作為談判策略。

這樣看來，對生氣的當事人來說，整體談判結果都會是正面的嗎？絕對不是！生氣雖然可以帶來己方短期利益的滿足，但它其實會帶來許多不良結果，其中包括對生氣者本身有不良的影響，也包括對於談判對手的影響。

生氣情緒會降低談判者的借位思考能力

生氣不只是情緒發洩，它會影響談判者的借位思考能力，並表現出非倫理行為，如欺騙或扭曲資訊等。[32][33]在一項相關的研究中，研究者先讓某些受試者經歷到生氣情緒（他們所寫的文章被別人給予侮辱性的負評），某些受試者則沒有經歷生氣情緒，結果發現，當那些經歷生氣情緒的受試者與另一方（與前述的論文評論無關的人）進行互動時，他們較可能會欺騙對方，也就是說，生氣讓這些人減低了對他人借位思考的能力，展現出更為自利的傾向。而且，在這個研究中，與這些生氣者互動的另一方其實與他們的生氣原因無關，也就是這些人是無端受到波及的。這個結果顯然驗證了我們生活周遭的現象，當一個人被激怒以後，他會攻擊其他的人或是飆罵無辜的人；當主管今天心情不好的時候，他可能會對所有身旁的人都擺個臭臉。

我該怎麼做？

不要讓生氣的情緒降低你的借位思考能力。
不要在生氣時，遷怒無辜的人。

情緒失控的副作用

當一個人暴怒與情緒失控時，其他人都會敬而遠之，不想與他來往。如果他是陌生人，你可能會選擇較積極的方式（如必要時報警）來處理，或者你也可能會以消極的方式（如不理會這人）來面對他。總而言之，就是徹底斷絕與這人的互動關係，並且試圖讓該生氣者無法達到其預期的目標。如果是你認識的人（如熟識的顧客或家人朋友），你可能會重新評估他的為人，調整未來與他之間的往來關係，當然你也可能將這次的事件視為偶發事件，將來再繼續觀察他的表現。

在一項研究中，[34]研究者發現受試者對於生氣的談判對手雖然會有較多的讓步，然而，在後來他們有機會指派工作任務給對方時，他們會給予這個人比較困難的任務以作為報復。換言之，生氣的代價有可能在未來才兌現，除非生氣者未來沒有機會再出現，否則他的談判對手如果找到機會的話，將可能會要求他為前次的不愉快經驗付出代價，甚至要他「加倍奉還」。

我該怎麼做？

不要讓生氣左右你，否則你不但可能喪失與人共創價值的機會，也可能在未來嚐到更大的苦果。

面對生氣的談判者

從上面的討論我們得到以下的結論，生氣的談判者常會因為生氣情緒而在當下得利，因為對手會選擇讓步，但是他們會為生氣情緒付出很大的代價，談判對手會對他敬而遠之，而且他們自己也可能會因為生氣，而傾向更自私、更不道德。在我班上那個失控學員的例子，那一組的談判結果最終無法達成協議，因為雙方在談判時間內，都不願意讓步，到最後演變成為面子之爭。

那麼你該如何面對生氣的談判者呢？對此，有以下兩項建議：

1. 不放棄創造價值，而且同時也要留意己方的利益所在

為什麼這樣說呢？我們在面對生氣者而盡可能創造雙贏的過程中，難道不會同時也留意己方的利益嗎？答案是：不見得。為什麼呢？在我和合作夥伴所做的研究中，[35]我們檢視了三種情緒（生氣、失望、快樂）對談判結果的影響效果，結果發現，當談判者面對到一個生氣的談判對手時，他會開始進行資訊蒐集，問對方問題，試著瞭解生氣者的需求，探索可能的解決方案。最終的談判結果是，他們的積極性有助於把餅做大，提高整合價值的最大化。但值得注意的是，雖然這樣看似不

錯，不過仔細檢視談判結果便會發現，這個餅的增量基本上是落在生氣的談判方居多，對於認真尋求整合解的（沒有生氣的）談判者來說，反而並沒有獲得更多的利益。換言之，沒有生氣的一方雖然促成了創造價值的談判結果，但是遺憾的是，這塊餅的增量大多給了生氣的一方，自己並沒有獲得價值的提升。

我該怎麼做？

在面對到生氣的談判對手時，應該留意己方的利益，並且積極創造雙贏。

2. 深入瞭解背後的原因

其次，我們應該嘗試瞭解談判者情緒失控背後隱藏的問題。時常談判者的外在情緒表達反映了內心的深層狀態，科布（Kolb）與威廉斯（Williams）在所著《日常談判》（*Everyday Negotiation*，暫譯）一書中提到「談判陰影」（shadow negotiation）一詞，[36]他們指出，談判者在談判時好像非常理性，但是卻會在某些狀況下發生情緒暴衝，用言語或行動傷害對方，為什麼呢？原因是，他的內心深處隱藏許多的前提假設或是未說的心聲，這些潛藏的「陰影」隨時可能爆發出來。例如，他對對方有很深的不滿，質疑對方的合法性與能力，嫉妒對方、鄙視對方。這時候他可能突然說「你職級太低、沒有經驗、沒有能力」，或是說「你有沒有搞錯？怎麼提出這麼幼稚的想法」，甚至於批評「你太敏感了吧？你應該改改你的個性」。這些話都是故意要刺激他的談判對手，給對方難堪。科布與威廉斯建議，當你面對這種情況的時候，千萬不要上當了，不要過度反應、隨之起舞，這時候反而應該要保持冷靜，採取以下的作法：

(1) **稍做休息，不要在情緒高亢的時候，做出某些不當的舉動。**情緒激動的時候，往往會說出不該說的話、做出不該做的舉動，這些話或是舉動不但無助於談判的進行，甚至有可能產生嚴重的負面後果。因此，當對方出言不遜時，你更應該冷靜下來，思考你的下一步，要如何處理此時的情況，以得到較佳的談判結果。作為談判者，你要面對的最重要對象是你自己，你第一個要掌握的是你自己的內心與思考，在你無法清楚掌控時，應該稍做休息，而不是急於行動。

我該怎麼做？

不要在情緒高亢的時候，做出不恰當的舉動。

(2)給對方的攻擊命名，讓對方認知到你不接受他的惡意攻訐。如果對方用不恰當的言語來挑釁你，這時候你可以將這些不當的攻擊予以命名，例如，他如果說你能力太低，不願意跟你談，你可以對他說，「你可以說我們彼此立場不同，但是你不可以貶低我的尊嚴」，「如果你想要繼續談，就必須尊重我」。你要清楚告訴他，你絕對不接受惡意的抹黑與攻擊，唯有停止不當的言語與行為，才能夠重新開啟良性的談判。

我該怎麼做？

給對方的攻擊命名，讓對方認知到你不接受他的惡意攻訐。

(3) **將對方的負面評價轉為正向**。在面對無理的攻擊時，你可以針對這些負面的評語，思考如何將它轉變為持續談判的基礎。例如，你可以冷靜地請他舉出證據來支持他的想法，當他舉不出來的時候，你可以藉機提醒他，這些說法的不當與錯誤，以恢復雙方的正向溝通。

我該怎麼做？

將對方的負面評價轉為正向。

(4) **轉移焦點回到正題**。當對方一再進行惡意攻訐，讓談判無法順利進行，這時候你可以直接了當地說：「我們還是回到正題吧！」不要順著他的話，繼續無謂的辯論，而是把話題轉回到原先討論的談判議題上。清楚告訴對方，唯有雙方面對問題、解決問題，才是眼前最重要的事，讓這些無關的負面言語儘速止息。

我該怎麼做？

把焦點轉回到正題。

情緒管理對談判有益嗎？

什麼樣的人在面對生氣或情緒失控的談判對手時，可以從容以對呢？研究顯示，具備高情緒智能（emotional intelligence，又稱為 emotional quotient，簡稱 EQ 或 EI，中文常稱為情商，為情緒商數的簡稱）的人可以與對方建立較佳的互動，提升彼此的信任關係，對於建立長期關係是有幫助的。不過，研究結果也發現一個令人驚訝的事[37]，高 EQ 對於談判的整合價值不見得會有提升的作用，原因是高 EQ 者較具同理心，以致於他們會選擇做出較多的讓步，反而讓那些低 EQ 的對手佔了便宜，沒有守住自己的利益與需求，讓對方獲得較佳的談判結果。換句話說，我們應該培養自己具有高 EQ，但是同時，我們在談判中也不應該棄守己方的利益與需求。

我該怎麼做？

培養自己具備高EQ的同時，也應該留意己方的利益。

瞭解了以上這些研究結果，我們能獲得什麼結論呢？我們在遇到生氣的談判對手時，應該如何進行談判呢？首先，我們要留意，**在談判過程中不應該放棄任何創造價值的機會**，不斷地透過詢問對方的需求，探索可行的解決方案，尋找整合利益的可能性。但與此同時，我們也要**特別注意己方的利益，不要在不經意下做出過多的讓步**，這樣會助長了對方的氣焰，養成他習慣性使用生氣（或其他負面情緒）作為談判策略，逼著你一再退讓。在此情況下，你應該堅持你的出價或談判提案，避免不必要的讓步，若是對方不接受，不得已你只有選擇破局一途。如果你不得不接受對方的出價，此時必須提醒對方，他的情緒表達將影響日後雙方的合作關係，清楚告知他可能的後果，而且務必讓他知道，下次如果他的表現還是如此的話，將不會得逞。

快樂與談判的關係

談完了生氣，我們也談一下快樂情緒對談判的利弊，開開心心去談判應該是好的（雙方都得利，且雙方加起來的整合價值增加，而不是減少）吧？難道，會是不好的嗎？

在探討這個問題之前，我先提一個我曾經做過的研究，[38]我們針對國內一家連鎖眼鏡行進行研究，請銷售人員與顧客分別填答資料，裡面包括客觀資訊如：購買的商品、誰第一個出價以及出價多少、最後的成交折扣，還有主觀資訊如銷售人員的工作滿足感、顧客知覺的銷售人員說明商品所花費的時間，以及顧客對此筆交易的滿意度。研究結果顯示，雖然出價行為顯著地影響公司的利益，但很特別的是，銷售人員本身對工作的滿足感會與顧客知覺的商品介紹時間之間存在互動關係，進而影響顧客的滿意度。這代表什麼呢？這個結果的意思是，談判者如果本身是處於開心的狀態，在談判過程中他的心情是愉悅的，他會讓談判的對手感染到正向的情緒狀態，進而對他的談判溝通產生了正向的效果。在這個研究中，不但銷售人員可以透過出價來獲取利潤，顧客的滿意度也受到了銷售人員工作態度的影響，使得他們對該次交易的結果較為滿意。

換言之，撇開誰獲利較多、誰獲利較少，快樂的銷售人員，他的情緒會感染到顧客，使得顧客也會有愉悅的購買經驗。在人際互動中，一方的情緒狀態會影響另一方的情緒狀態，這個現象稱為情緒感染（emotional contagion）。一項研究顯示，[39]當實驗受試者看到卡通人物用牙齒咬住一枝筆（看起來像在微笑），他們會覺得卡通人物是開心的；相對來說，當實驗受試者看到卡通人物用嘴唇含著一枝筆

（無法微笑），他們會覺得卡通人物不是開心的。意思是，即使只是臉部肌肉的改變，就會讓別人覺得你是高興的，還是不高興的。進一步來說，模仿別人的笑容也可以帶來笑容的好處，也就是，就算是對方沒有經驗到快樂的情緒，你的微笑也會發揮功用。

所以，你如果在談判初期是特別開心的，這時候你的對手因為你而被引發正面情緒，進而願意與你一起合作。而且，不僅如此，對方因為經歷著正向情緒，他會對談判結果更為滿意，而且對你有更正面的評價。

我該怎麼做？

以愉悅的心情開始談判，讓你的談判對手也感染到自己的快樂，一起合作，共同創造價值。

面對一位快樂的談判對手

這樣看來愉悅的心情對於談判是好的，那麼會不會也有不好的地方？如果有，不好的地方在哪裡呢？讓我回到前面介紹的那項研究，我和合作夥伴發現，當談判者面對到一個生氣或失望的談判對手時，他會開始進行資訊蒐集、問對方問題，試著瞭解對方的需求。不過，**當談判者面對到一個快樂的談判對手時，他反而比較不會進行資訊蒐集與問問題，或試著瞭解對方的需求，以致於最終的談判結果並沒有把餅做大、創造雙贏**。

為什麼會有這樣的結果呢？我們推測原因在於，當人們遇到快樂的談判對手，他們比較沒有壓力去積極思考如何創造價值，在過度鬆懈、沒有外在動機的情況下，談判雙方反倒沒有努力將自己的利益更進一步的擴大，以致於無法創造價值、達成整合解。

這個結果著實讓人失望，因為我們總是覺得正向情緒是好的，談判者如果是開開心心的進行談判，一定都會有好的談判結果。所以說，在此給大家的建議是，在談判時，保持愉悅心態進行談判固然非常重要，但是談判者還是需要注意談判的基本原則，在談判中留意自己的利益與需求的滿足。以我前面介紹過的眼鏡行的例子，銷售人員可以透過出價兌現了公司的利益，而且同時因為他們的正向工作滿足感，讓他們與顧客的溝通也能夠轉化為顧客滿意度，兩項目標是可以同時達到的。

我該怎麼做？

遇到快樂的談判對手時，自己不要過度鬆懈，仍要試著積極把餅做大。

第十一章

我就是無法改變自己

性格特質對談判的影響

性格對談判的影響

想到精明的談判者，許多人可能聯想到知名企業家郭台銘董事長，不可否認的，郭董事長絕對是一位幹練的談判高手，有無數次成功的談判經驗，而且在許多談判中順利兌現他的談判目標。不過，高明的談判者真的有所謂「最佳的」性格特質嗎？如果有的話，這些性格特質包含什麼？

我在談判課堂的經驗是，每一班總是有一些同學，他們的思路特別清晰敏捷、口條犀利，談判時步步進逼，該得到的絕不讓給對方，通常在分配談判的個案演練中，他們的談判結果是最好的，遠遠比其他同學的表現來得好。然而，到了整合談判或是爭議處理等議題的談判時，他們的表現就不見得是全班最好的了。原因在於，他們的談判方式較具侵略性，讓其他同學感到有距離，以致於當需要共同攜手解決問題時，他們反而不容易把握契機與對方合作。而且，由於這些同學的性格特質具侵略性，其他同學在與他們談判時，常會有防備心態，造成彼此間的不信任。

研究顯示，人與人之間的個別差異的確對談判結果有很大的影響[40]。一項研究讓學生進行配對談判，每人都與不同人談判不同議題，結果顯示，四六%的談判結果變異來自於個別差異，也就是個別差異影響自己的行為也影響了對方的行為，最終更影響雙方的談判結果。這裡的個別差異不僅包括性格特質，還包括智力與創造力，以及其他相關的外顯特質（如性別、年齡、外貌等）。不過，我在課堂上會強調，**我們不要過度誇大個別差異對談判的影響效果，好像它是影響談判的唯一因**素。它的確很重要，但是，**談判相關的知識與技能，以及其他的環境條件（如談判雙方的權力依賴關係）都是影響談判成功與否的決定因素**，所以，我們應該好好學習談判知識與技能，並且累積談判經驗，這才是我們需要更多專注的部分。

我該怎麼做？

不論你具有何種性格特質，你都應該盡可能提升談判知識與技能，累積談判經驗。

即便如此，以下我們還是需要瞭解性格特質對談判的影響，一方面是要提高我們的自我覺知（self-awareness），讓我們瞭解自己的優勢，在談判中加分；另一方面則是要讓我們更多瞭解我們的談判對手，藉以在談判中能夠更準確的預測對方的行為，思考我們的因應策略。

高自尊在談判時的優勢

在所有的性格特質當中，最核心的是我們對自己的看法與評價，我們稱為自尊

（self-esteem）或自尊心。有些人有很強的自尊心，我們稱為高自尊，有些人自尊心較弱，則稱為低自尊。根據正向心理學（positive psychology）的論點，高自尊對人是好的，也就是，人都應該用正面的心態看待自己，肯定自己的價值，積極面對環境的挑戰，遇到困難要正面迎戰，不應該逃避。

在談判時，一個人自尊的強弱反映在他跟對手之間的互動中，他是否堅定主張自己的利益與需求應該被滿足，他是否相信自己所在乎的事物是正確的、是有價值的。高自尊的談判者會朝向目標邁進，設定較高的目標價，以積極的出價來獲取需求的滿足。相反的，低自尊的談判者，對自己的價值持負面的評價，他不認為自己是重要的，因此他也不覺得自己的談判目標是重要的。當低自尊者與他談判對手相比較時，他反而會覺得對方的利益與需求更有價值，因此很容易被對方說服。

自尊時常會伴隨著一個人對於談判的自信心，也就是所謂的**談判自我效能**（self-efficacy in negotiation），即談判者對於談判成功與否的掌握度。高自尊的談判者通常也會是一位具有高談判自我效能的人，他相信自己的談判技能，對於達成談判目標有充足的信心。當他遇到談判對手時，他會以一副從容的心態面對對方，若有需要，他會步步進逼、據理力爭，讓對方難以招架。相反的，低自尊的談判者通常也會是一位具有低談判自我效能的人，他對於自己的談判技能沒有把握，對他來說，談判是可怕的，想到談判，總是會讓他難以入眠，在談判中他會露出緊張不安的神情，不但會在不該讓步的時候讓步，甚至會放棄自己的目標。

我該怎麼做？

以正面的心態看待自己，積極提升自己的談判自我效能。

高自尊的缺點

高自尊的談判者是否會在談判中兌現他的談判目標呢？的確，在零和談判情境下，高自尊的談判者將可順利獲取較大的利益，成為談判的贏家，他們在談判過程中會擁有較大的掌握度，即便最後以破局收場，他們也不會歸咎於自己的能力。譬如說，高自尊的賣家向顧客兜售商品，他們會積極的出價，盡量獲取超額的利潤；反之，低自尊的賣家便無法做到如此。

不過，值得注意的是，**自尊雖然是談判者的絕佳利器，卻也可能成為他的致命缺點**。最明顯的，高自尊的人比較不會傾聽談判對手的想法，對於對方的說詞比較沒有耐心，反倒是不斷地灌輸對方自己的想法，直到對方接受才肯罷休。有一句話是這樣說的：「當你在說話的時候，是無法聽進別人的話的，只有自己不說話的時候，才能聽別人說話。」高自尊的人常認為自己說的算，別人說的只要參考就好，在他們的經驗中，自己的想法總是對的，自己所堅持的才是有價值的。他們雖然常會達到談判目標，但卻讓別人感到不被尊重，以致於會因此犧牲談判雙方的情誼或是長久經營的合作關係。尤其是當談判有整合的可能性時，高自尊的談判者時常無法與對方共創價值，一方面因為自以為是的心態所造成，另一方面則是因為他的談判對手擔心自己的利益受到損害，寧可放棄合作。

除此以外，高自尊的人在談判時往往無法放下自己的面子，很在乎形象問題，如果面子掛不住就不要談了，因此有可能因為過於重視面子，而毀掉了雙贏的機會。回到最根本的問題，你到底在乎的是什麼？面子有這麼重要嗎？比起面子，什麼是你更重要的利益與需求？在台灣社會中，我們屢屢聽到許多例子，因為面子而捨棄合作的機會、因為面子而談判破局、因為面子而避不見面等等，如果撇開面子，談判是不是會有不一樣的風貌？不一樣的結局？

我該怎麼做？

如果你是高自尊的談判者，你應該尊重你的談判對手，釋出善意與對方共創價值。審視面子的重要性，切勿讓面子成為談判破局的唯一理由。

給低自尊談判者的建議

相對的，低自尊的談判者對於自己抱持較為負面的想法，覺得自己沒有價值感，在出價時或是提出自己的主張時，往往缺乏自信心，對於自己能否成功達成談判感到不安。因此，在此建議低自尊談判者，你必須正視心中最大的敵人，這個敵人就是你自己，而不是你的談判對手。你要克服對自己的負面認知，你要認知到，你的利益與需求的滿足是重要的、是有價值的，你追求談判目標的達成不是一件錯誤的事，不要輕言放棄。過去你或許在談判上不是一位成功者，這並不表示你未來永遠不會成功，你仍然有許多優點，你有許多沒有發揮的潛力，你的努力將會帶來改變，重要的是對自我價值的肯定。

我該怎麼做？

如果你是低自尊的談判者，需要的是克服對自己的負面認知，正視你心中最大的敵人：自己。

在積極面上，不僅是低自尊的人，我們每個人都應該努力增強自己對談判的掌握度。根據社會學習理論（social learning theory），人們可以透過心智演練來提升自我效能，[41]換言之，我們可以利用各種談判課程或模擬情境進行演練。透過不斷的練習，熟悉談判的基本觀念，進而分析自己所面臨的談判情境，揣想實際談判時的狀況。在不斷的鍛鍊下，你的談判自我效能將會越來越高、越來越不畏懼談判。例如，你在談判前，可以試著揣想未來的談判過程，想像談判時的每一個場景，你應該說什麼、對手會回應什麼，你要如何回應他。當你做足功課以後，你的談判結果將會明顯進步。切記，**卓越談判者並非與生俱來，唯有準備、準備、再準備，才是談判成功的關鍵**。今天的你或許會畏懼談判，明天的你、一個有準備的你，絕對可以談得更好！絕對可以讓談判變得更容易！

我該怎麼做？

切記，卓越談判者雖然並非與生俱來，但是在不斷地練習下，你絕對可以談得更好。

重人情、重和諧對談判好嗎？

台灣社會是一個講究「人情」的社會，人與人之間存在著綿密的關係網絡，因此，懂得人情世故以及所謂做人做事的道理，是人際相處必備的技能。但不像過去，在現在這個相對開放的社會中，並不是每個華人都相同程度地遵守文化賦予的角色規範，特別是在台灣，很大程度受到外來文化影響，個人的獨特性非常受到重視，因此每個人的價值觀差異就越來越明顯。有些人比較重視華人傳統價值、有些人就沒那麼重視，而重視與不重視之間，他們的談判行為便有所不同。

在我的一項研究中，[42]我與研究夥伴針對台灣的受試者進行研究，結果發現談判者的人情傾向與和諧傾向對於分配談判結果具有負面影響效果。我們的研究結果顯示，如果一個人非常重視人情、非常重視人際和諧，他在談判時會受到這樣的傾向所影響，以致於當他必須與談判對手進行零和的分配談判時，他將會居於劣勢，輸給對方。原因是，如果一個人相當重人情，代表著他珍惜與人之間的情感關係，而且這種關係隱含著互惠義務。例如我們去店家購物時，老闆會說：「啊呀，這個價錢我算你這麼便宜，是做個人情給你啦，你再多多推薦其他顧客給我……。」其實，老闆知道你可能永遠不會再踏進這家店裡，你也不大可能推薦什麼顧客上門，今天如果不多賺你一點更待何時！做個人情的說法只是要激起你思考人情這個面向，讓你覺得今天買了商品，可以換取日後（不存在）的回報。

簡單來說，一位具有高人情傾向的談判者，會把人情準則發揮的淋漓盡致，他會將談判置於人際關係的脈絡中來進行。然而，當面對零和的分配談判時，這樣的傾向反而讓他無法回歸談判的本質，很容易就讓談判對手利用他這樣的傾向來獲取利益。因此較佳的作法是，重人情的談判者在分配談判中，仍然應該思考己方的利益與需求，不要因為自己習慣性的重人情，而忽視談判的基本原則。

我該怎麼做？

如果你是重視人情的談判者，在進行零和的分配談判時，留意自己不要因為重視人情，而犧牲己方利益。

另一方面，對重視人際和諧的人來說，衝突就是不好的，應該儘可能降低或是迴避它，以保持人際間的平衡關係。因此，如果遇到衝突而必須談判時，高和諧傾向的談判者往往會為了維持和諧，而選擇放棄自己的目標價，退守到他的底價。相反的，低和諧傾向的談判者不認為維持和諧是至高無上的原則，當他談判時，他會積極爭取自己的利益，不會被和諧價值所框限。

同樣的，在分配談判情境下，重視和諧的談判者會比不重視和諧的談判者表現來得差，獲得較小的餅。因此，高和諧傾向的人在面對分配談判時，也應該回歸談判的本質，思考己方的利益與需求，不要因為自己習慣性的重和諧，而忽視談判的基本原則。

我該怎麼做？

如果你是重視和諧的談判者，在進行零和的分配談判時，留意自己不要因為重視和諧，而犧牲己方利益。

如果並非分配談判的情況，而是在有創造價值的整合談判情境下，重視人情與和諧的談判者要如何談判呢？這時候，高人情與和諧傾向並非談判者的劣勢，反而可能帶來一些溝通上的優勢。例如重視人情的人可以善用人與人之間的互惠規範，與談判對手建立一個長期的合作關係；重視和諧的人也會讓別人相信他的行為不會破壞團體的和諧，這對於談判雙方共同創造價值奠定了一個很好的基礎。

但儘管如此，高人情與和諧傾向的談判者在面對到整合談判情境下，仍然應該留意己方的利益與需求，千萬不要因為創造了價值，而忽略了自己原本的談判目標價。唯有與談判對手一同合作，各自獲取對自己有利的談判結果，雙方的合作才能夠可長可久。

我該怎麼做？

如果你是重視人情與和諧的談判者，在進行整合談判時，可善用互惠規範與和諧文化的特性，與對方建立長期合作關係。同時，在與對手共創價值的同時，切勿忽略你的利益與需求，仍應積極兌現你的目標價。

面對爭議時，重人情、重和諧者的談判策略

在對立的談判爭議下，談判對手挑起了非常大的爭端，談判雙方不但無法創造

價值，甚至朝向雙輸的方向前進，如果其中一人是一個重視人情與和諧的談判者，他應該如何面對呢？

首先，**應該找到協議外最佳替代解，同時也界定出協議外最差替代解**，也就是說，他應該審慎評估目前的談判態勢，對自己有利與不利的程度。當客觀分析了這些可能性以後，其次是**思考自己的利益與需求，尤其應該真誠地面對自己**，什麼是自己最重視的？什麼是自己較不在乎的？是「人情」、「和諧」、「關係」或是「友誼」？在許多時候，這些面向是無法同時獲得的。因此，最重要的是，必須要有一個核心思想與信念來幫助自己面對衝突。假設談判者經過思考後認為：「我是對的，他是錯的，因此該怎麼做，就怎麼做。」這時候，談判者就應該以此原則作為行動的準則，該堅持的時候就堅持下去，不論雙方的關係可能因此受損或是和諧氛圍可能被破壞都是如此。把握了這樣的原則之後，才會有前後一致的行動方案。因為到頭來，如果他真正是站在對的一方，其他旁觀者將會認可他的行為，也能夠體會他堅持到底、不顧外在壓力的心態。

我該怎麼做？

如果你是重視人情與和諧的談判者，在面對爭議情境時，首先應該審慎評估你的最佳與最差替代方案，其次應該真誠地面對自己的價值觀，找到你的核心思想與信念來導引接下來的行動方案。

我就是無法改變自己！怎麼辦呢？

以上提到的幾種個人特質與自我概念，無論是社會動機、自尊、人情與和諧傾向，似乎都很難改變，這可能讓你在面對衝突與談判情境時居於劣勢，這時候你該怎麼辦呢？有什麼方法可以讓你跳脫性格的框架，回到談判的基本原則，以下提供五項建議。

1. 進行心智模擬

首先，你可以在談判前，預先模擬談判情境，嘗試讓自己有所改變。談判需要的技巧與能力看似困難，但其實某些關鍵技巧或原則是可以學習的。例如我們在談判課程中，會不斷地演練各種談判情境，讓學生熟習談判的各個觀念，操練談判技能。在真實的談判之前，你可以做情境的模擬，預先演練你的出價、對方的還價，揣想對手的思考方式、他可能採取的談判行為，並且模擬你的回應方式。經過多次的模擬演練後，你將對接下來的談判更有自信心與掌握度。

我該怎麼做？

在談判前，預先模擬談判情境，建立你的談判自信心與掌握度。

2. 放鬆心情

其次，你可以透過一些抒壓的方式，讓自己在談判中保持輕鬆的心情。談判是一個相當耗費精神與體力的事情，不要以為別人喜歡談判，許多人跟你一樣不喜歡談判，他們雖然表面看起來是「談笑用兵」，但其實內心是戰戰兢兢的。

因此，建議你在談判前，不妨找個喜歡的運動或休閒，先讓自己休息一下，拋開緊張的心情，蓄積你的最佳狀態，然後再開始談判。

我該怎麼做？

在談判前，放鬆心情，蓄積你的最佳精神與體力狀態。

3. 培養溝通技能

成功的談判者在開啟談判的時候，通常不會使用攻擊性的言語，因為他們會小心經營談判雙方的信任關係。針對溝通技能，你可以透過演練一些口語技巧，幫助自己在談判時使用正確的溝通方式。尤其要提醒的是，在談判中切勿使用具有歧視性的字眼，或是輕蔑的語氣，這些用語都將會帶來敵對的態勢。切記，談判本身就是一個對立的狀態，你要儘可能讓這個狀態舒緩一些，而不是增強它。良性的溝通與積極的傾聽將有助於雙方朝向互利互惠的結果。

我該怎麼做？

培養你溝通與積極傾聽的技能。

4. 尋找合適的談判情境

如果你的工作是公司裡的採購專員，你大概無法選擇你的談判對手；但是在某些情況下，你有可能可以決定你要不要談判、跟誰談判。前面的章節提到，有些人很擅長分配談判、不擅長整合談判，有些人則恰恰相反。如果你知道你適合哪一種類型的談判，你可以主動爭取進行這類型的談判工作。

當然，有可能你覺得你不適合任何一種談判，這時候你不應該一味地逃避。試著多瞭解談判的相關知識與技能，慢慢建立正確的談判觀念，隔一段時間，再進行一次自我評估，或許你對自己會有不同的看法。

我該怎麼做？

選擇適合你的談判工作。

5. 學習掌握數字

最後，有一件事是很重要的，作為卓越的談判高手，你應該清楚掌握數字。有些人對於數字非常排斥，有些人則非常在行。在商務談判中，價格與數量常常是必要的談判內容，不論你對數字的掌握度如何，你都要在談判前熟練相關的數字，切記，準備永遠不嫌多。在課堂上，我常被同學問到，許多談判的面向是難以量化的，我們怎麼知道哪個方案較佳？哪個方案較差呢？例如某家公司與另一家公司在商談商品的交貨品質或交貨日期，我們如何比較不同方案的優劣呢？我的回答是：你應該儘可能將所有談判議題予以量化，找到一個尺度將所有談判內容都含括在裡面，這樣才能夠做比較。

當然，也有些談判是不涉及數字的，這些談判的重點常涉及彼此的觀念或是人際關係的品質，針對這些談判，談判者需要對談判的內容有敏銳與細膩的觀察與瞭解，才能夠在談判中達到最佳的結果。例如，你與室友針對房屋清潔問題與你溝通，你需要掌握的不是數字，而是彼此的友誼。

我該怎麼做？

作為一個商務談判高手，你必須學著掌握數字。

第四部分

結語

第十二章

贏是我的談判目標嗎？

做一個真誠領導者

揚棄贏的心態

本書說明了成功談判需要注意的重要議題，無論在談判前、談判中，甚至在談判結束後，我們都應該深入思考這些議題，才能夠做出正確的判斷。如果用一個簡單的描述來總結成功談判的精髓，那就是如何將非贏即輸的分配談判，轉變為共創雙贏的整合談判。傳統上，人們認為談判就是最大化己方的利益與需求，這也是現在許多人給談判下的定義。不過，現在越來越多學者和實務界的人士不認同這樣的說法，而是將談判看成一個化解歧見的過程。

在字典中，「贏」的意思是指你勝過了比賽的對手，「輸」是指對方勝過了你。「贏」可以帶給我們努力的動力，讓我們為目標而奮戰，激發我們的內在趨力，進而獲得成功的果實，不論是得到了金錢的獎酬、名譽與地位、自我成就，或是面子或自尊的滿足。但是，我認為要達到卓越的談判結果，我們必須要捨棄處處想要贏對方的心態，當你一心想要在談判中獲勝，你會不自覺地將對方貶低，將談判對手視為阻礙目標達成的絆腳石，這樣的心態將會阻擾你採用雙贏的談判策略。其實，**「雙贏」（win-win）這個詞彙並不是指談判雙方都要「贏」，而是透過談判得到一個對雙方都好的結果**，因此重點不是勝過你的談判對手，而是突破雙方的思考框架，找到更佳的解決方案。

我該怎麼做？

將非贏即輸的分配談判，轉變為共創雙贏的整合談判。

超越輸贏的心智地圖

我認為，要達到真正的談判成功，談判者必須要超越競爭對立的心態，我們應該轉換成更寬廣的「心智地圖」。以下圖中是一些對比詞彙。

這些對比詞彙中，左邊代表「贏—輸」的談判框架，右邊代表超越輸贏的心智地圖。如果我們被左邊的觀念主導我們的談判思維，或許我們在短期內會談判成功，但這樣的成功將禁不起時間的考驗。

一個充滿權謀、心計，為達到目的不擇手段的談判者終究會被唾棄；一個從心出發、懷抱愛與關懷的談判者終將勝出。關鍵是，**我們在談判時的心態是什麼，我們談判的結果就會是什麼；我們談判時的動機是什麼，我們就會以什麼結果作為我們追求的目標。**而這些心態與動機反映了我們的做人處事原則，一旦確立自己的心態與動機，我們的談判將豁然開朗，因為問題已經不是輸贏了。

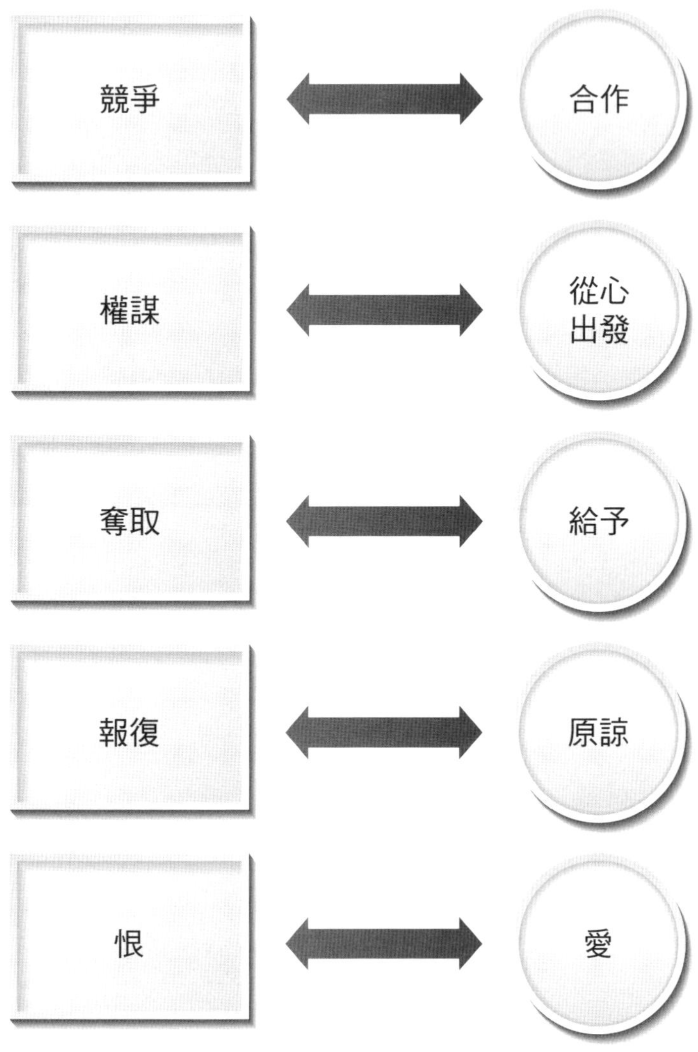

圖六　心智地圖：贏與超越輸贏的對比

我該怎麼做？

以超越輸贏的心智地圖來面對談判。

談判者應具備的才能

有了正確的心態與動機，談判者應該努力充實各種相關知識與技能，扮演好談判者的角色，朝著目標前進。有哪些能力是談判者必備的呢？綜合前面提到的談判觀念，以下有五項才能是必要的：

1. 主動積極

談判者應該具有主動積極的才能，該問問題的時候，主動詢問對方，面對困難時不迴避，冷靜思考應該如何解決。即使對方明顯權力較高，也要積極看待衝突局勢，唯有積極面對，才能獲致成功談判。

2. 借位思考

談判者應該試圖瞭解談判對手的想法，從對方的角度出發，思考對方所思考的，揣想對方的利益與需求，甚至從對方的情況分析什麼是對於對方最好的結果。

3. 適應力

談判者可能會面對難解的談判情境，環境充滿變數，談判對手有可能難以捉摸，因此，談判者必須隨時調適自己的心態，在突發狀況時應付自如。因此談判者應具有彈性與適應力，快速地適應情境的變化，化危機為轉機、化阻力為助力。不拘泥過去的作法，面對不同的狀況、不同的技術、不同的談判對手，採取不同的回應方式。

4. 創造力

談判者需要豐富的創造力，發揮其創意，尋找無限的可能，讓談判雙方找到整合解。創造力與前面提到的借位思考與適應力是相輔相成的，談判者必須具有創意，才能夠從對方的角度進行思考；透過創造性思考，找到連談判對手自己都想不到的解答。尤其，在談判瀕臨破局時，創意思考更是避免破局的關鍵。

5. 倫理思考

在許多的談判中，存在著欺騙與詐術，以致於降低了人與人之間的信任感。一個具有倫理思考能力的談判者，他的誠信作風，會讓談判對手信服，願意長期維繫合作關係，並同樣以符合倫理規範的行動作為回報。日久見人心，當你的談判對手瞭解了你的誠實與言行一致，說到做到，這時候，你們之間的資訊分享將會更加暢通，談判對手將願意與你一同攜手共創價值。

我該怎麼做？

努力培養五項談判才能：主動積極、借位思考、適應力、創造力、倫理思考。

從卓越談判者到真誠領導者

近年我開授的協商談判課程名稱為「協商與領導」，學生常問我，為什麼不就叫「協商談判」呢？我的回答是，談判是兩方或多方的互動過程，而不只是單方的決策，因此，我期許每一位談判者都扮演一位真誠領導者（authentic leader）的角色，與你的談判對手攜手向前行。

什麼是真誠領導者呢？**真誠領導者是一位表裡如一、誠懇，以倫理價值為中心思想、盡可能為他人著想的領導者**。[43][44]真誠領導者會透過各種方式來做出改變，與他的追隨者共同達成工作任務，並產生影響力。換句話說，談判者如果是一位真誠領導者，他在談判中不單是為了自己，也誠心為對方著想，與對方共同創造價值。而且，在談判順利完成後，讓對方也得到肯定，而不是將功勞都往自己身上攬。

我該怎麼做？

在談判中，不單為自己，也應誠心為對方著想，與對方共同創造價值，成為一個真誠的領導者。

如何能夠在談判中不只做個成功的談判者，更扮演一位真誠的領導者呢？兩者有什麼差別呢？讓我們來看看以下的談判情境劇場。

談判情境劇場

啦啦隊的風暴

啦啦隊員甲：隊長！隊長！不好了，A又在挑撥離間，她到處說妳故意不給她上台的機會。而且她一直慫恿別人加入她的小圈圈。

隊長：我當時做了正確的決定，如果她要這麼說，我也沒辦法阻止她。

啦啦隊員乙：隊長，A也去跟老師說妳的壞話，聽說老師考慮改讓A做隊長。妳快去跟老師說A的為人。

隊長：我對老師有信心，老師應該不會相信她的說詞！

啦啦隊員乙：她小圈圈的人都去跟老師說一樣的話！妳快點去找老師澄清吧！

隊長：澄清什麼呢？沒做的事，會越描越黑。如果老師真的覺得A可以做得更好，那就讓她做，我不會強求。

（隔幾天，隊長遇到A）

A：隊員們對妳很有意見，老師也考慮要把妳換掉。

隊長：謝謝妳跟我說，如果妳對我有什麼意見，歡迎跟我說。

A：有隊員覺得妳不重視她們的表現。

隊長：如果有的話，我想知道是誰，我很樂意協助她。

A：我就是其中一個！妳一直對我有偏見。

隊長：如果是因為上次沒有讓妳上台的事，當時是因為妳缺了幾次練習，我擔心大家無法配合，所以做了這樣的決定，我很抱歉讓妳有這樣的感受，如果我是妳的話，我心理一定也會很受傷。下次的演出就快要到了，妳是團隊中非常重要的一員，沒有妳，整體的表現將會差很多，請務必每次都來練習，我們下次一定可以表現得很好。

A：（聽到隊長的一番話後，心中感到愧疚）我接受妳的道歉，明天一定會去練習的。

以上的談判情境劇場中，一位啦啦隊員A因為一次演出沒能夠上台，便到處說隊長的壞話，而且她又很有魅力，遊說許多隊員加入她的小圈圈。到這裡，感覺上A是一個成功的談判者，因為她發揮了個人影響力，成功說服其他隊員，甚至有可能連老師也被她說服。然而這位隊長並沒有隨之起舞，也去向老師說A的不是，反倒是利用與A見面的機會，主動說明前次決策的原委，並且肯定A在團隊中的角色，邀請她每次都來練習。看到隊長的誠意，A心中感到愧疚，她無從拒絕隊長的道歉，也自知過去的行為缺乏正當性。在這次事件中，隊長不是站在一個衝突對立的立場來看待問題，而是以一位真誠領導者的角色來面對A、同理A的感受，也做出隊長應該做的決定，這樣的談判心態不但解決了問題，更帶來談判對手A的認同與尊敬。

在談判中堅守你的價值信念

從以上的例子我們可以看到，在談判中做一個真誠領導者，堅持正確的價值觀是非常重要的。什麼是你所在乎的信念？什麼是你的做人原則？這些信念與價值觀有沒有在談判中被堅守？還是你被迫屈服？如果為了獲得協議的達成，而棄守你的價值、棄守你堅持的信念、棄守你的做人原則，那麼，即便你創造了很多「價值」，滿足了很多「需求」，兌現了很多「利益」，這些「價值」、「需求」、「利益」都遠遠比不上你放棄的做人原則所代表的意義。

所以，在談判過程中，我們要不斷地省思，**什麼才是我們真正在乎的價值與信念？什麼會是我們絕對不後悔的決定？**而不是只想到利益。這讓我想到，多年前，曾經有一位企業的董事長在我的談判課後走到課堂前面跟我說，他之前有聽說我的課，對他來說，談判就是要咄咄逼人、口若懸河去說服人，而我的看法並不符合他的預期，我笑笑，我相信很多人對談判的想法或許與他一樣，但是我覺得談判不應該只是一種「影響術」，而是一種人生哲學。

的確，單就談判來看，真誠領導者在談判時可能會讓人覺得是居於劣勢，然而，他最終將受到談判對手的肯定。美國總統林肯可以說是真誠領導者的典範，他在面對政敵的步步進逼時，卻仍然堅守自己的理念，釋放黑奴，讓美國進入嶄新的一頁。

我該怎麼做？

在談判中，堅持你的價值與信念。

從借位思考到同理對方

除了價值信念之外，卓越的談判者應該抱持誠懇的心態，真心地同理對方，體會對方的感受，而不只是以理性分析所得到的結論，說服對方接受。我們在前面提過，高情緒智能的談判者反而比較可能做過多的讓步，以致於無法完全兌現自己的利益，反而過度的滿足談判對手的利益與需求，因此，有些談判專家認為同理心對談判而言相較於借位思考來得不重要。如果單就談判達成的利益與需求滿足而論，或許的確如此，但是我認為，談判者如果要站在一個真誠領導者的角色來獲致卓越的談判成果，他應該做到同理對方，而不僅是借位思考而已。

所謂同理，指的是能夠從另一人的觀點來瞭解並感同身受他的經驗，也就是一種設身處地以他人的感受為感受的能力。我們常常缺乏同理心，常常無法感受到他人的感受，一部分的原因是我們缺乏類似的經歷，另一部分的原因是我們常以自我的觀點進行思考，將自己認為對對方好的事物強加到他人身上，並且以為這樣便是同理對方，便是為對方著想，其實不然。真正的同理是能夠感受到對方的感受。

我該怎麼做？

在談判中，同理你的談判對手的感受。

做一個使人和睦的人

之前我們提到談判者應具備的五項才能，如果將借位思考置換成同理他人的能力，就成了以下五項：主動積極（Proactive）、同理（Empathy）、適應力（Adaptability）、創造力（Creativity）、倫理思考（Ethical reasoning），英文字首的縮寫剛好是PEACE，中文是「和平」。因此，這本書的總結是，真誠領導者在談判中的最終目標是獲致一種「和」的狀態，即和平、和睦、和諧、和解。「和」是人與人之間衝突解決的理想境界，在《聖經》著名的登山寶訓（The Sermon on the Mount）中的八福其中一福是：「使人和睦的人有福了！」（Blessed are the peacemakers.）也就是說，如果我們能夠藉由學習與訓練談判的能力促進人與人之間的和好，以及國家與國家之間的和平相處，就是在成就一件極為美好的事，謹以此金句共勉之。

[34] Wang, L., Northcraft, G. B., & Van Kleef, G. A. (2012). Beyond negotiated outcomes: The hidden costs of anger expression in dyadic negotiation. *Organizational Behavior and Human Decision Processes*, 119, 54–63。

[35] Rees, L., Chi, S-C, Friedman, T., & Shih, H-L. (2020). Anger as a trigger for information search in integrative negotiations. *Journal of Applied Psychology*, 105, 713-731。

[36] Kolb, D. M., Williams, J., & Kolb, D. M. (2003). *Everyday Negotiation*. San Francisco, CA: Jossey-Bass。

[37] Foo, M. D., Elfenbein, H. A., Tan, H. H., & Aik, V. C. (2004). Emotional intelligence and negotiation: The tension between creativing and claiming value, *International Journal of Conflict Management*, 15, 411-429。

[38] Chi, S-C, Friedman, R., & Shih, H-L. (2013). Beyond offers and counteroffers: The impact of interaction time and negotiator job satisfaction on subjective outcomes in negotiation. *Negotiation Journal*, 29, 39-60。

[39] Strack, F., Martin, L. L., & Stepper, S. (1988). Inhibiting and facilitating conditions of the human smile: A nonobtrusive test of the facial feedback hypothesis. *Journal of Personality and Social Psychology*, 54(5), 768–777。

[40] Elfenbein, H. A., Curhan, J. R., Eisenkraft, N., Shirako, A., & Baccaro, L. (2008). Are some negotiators better than others? Individual differences in bargaining outcomes. *Journal of Research in Personality*, 42, 1463–1475。

[41] Bandura, A. (1977). *Social Learning Theory*. Englewood Cliffs, NJ: Prentice Hall。

[42] Liu, L. A., Friedman, R. A., & Chi, S-C. (2005). "Reng Qing" versus the "Big 5": The role of culturally snesitive measures of individual difference in distributive negotiations, *Management and Organization Review*, 1, 225-247。

[43] Gardner, W. L., Cogliser, C. C., Davis, K. M., & Dickens, M. P. (2011). Authentic leadership: A review of the literature and research agenda. *Leadership Quarterly*, 22, 1120-1145。

[44] George, B. (2003). *Authentic Leadership*. San Francisco, CA: Jossey-Bass.（《真誠領導》。陳景蔚、鄭新嘉譯，天下雜誌，2004 年）。

[23] Rubin, J. Z., & Sander, F. E. A. (1988). When should we use agents? Direct vs. representative negotiation. *Negotiation Journal*, 4, 395-401。

[24] Jensen, Michael C. & Meckling, William H. (1976). Theory of the firm: Managerial behavior, agency costs and ownership structure. *Journal of Financial Economics*, Elsevier, vol. 3(4), 305-360。

[25] Ury, W. L., Brett, J. M., & Goldberg, S. B. (1988). *Getting Disputes Resolved*. San Francisco, CA: Jossey Bass, Inc。

[26] 以下論文有回顧有關調解文獻的討論。Wall, J. A. & Lynn, A. (1993). Mediation: A current review. *Journal of Conflict Resolution*, 37, 160-194。

[27] 以下兩研究 S. Goldberg 教授說明成功調解的過程：Goldberg, S. B. (2005). The secrets of successful mediators. *Negotiation Journal*, 21, 365-376. Goldberg, S. B., & Shaw, M. L. (2007). The secrets of successful (and unsuccessful) mediators continued: Studies two and three. *Negotiation Journal*, 23, 393-418。

[28] Karambayya, R. & Brett, J. M. (1988). Managers handling disputes: Third party roles and perceptions of fairness, *Academy of Management Journal*, 32, 687-704. 以下論文有針對管理者的衝突管理做較完整的回顧。Wall, J. A. (1995). Conflict and its management. *Journal of Management*, 21, 515-558。

[29] Shell, G. R. (2006). *Bargaining for Advantage*. New York: Penguin.（《華頓商學院的高效談判學：讓你成為最好的談判者！》。劉復苓譯，經濟新潮社，2012 年）。

[30] Skinner, B. F. (1966). *Contingencies of Reinforcement*. NY: Appleton-Century-Crofts。

[31] Sinaceur, M., & Tiedens, L. Z. (2006). Get mad and get more than even: When and why anger expression is effective in negotiations. *Journal of Experimental Social Psychology*, 42, 314 –322。

[32] Yip, J. A. & Schweitzer, M. E. (2019). Losing your temper and your perspective: Anger reduces perspective-taking. *Organizational Behavior and Human Decision Processes*, 150, 28-45。

[33] Yip, J. A. & Schweitzer, M. E. (2016). Mad and misleading: Incidental anger promotes deception, *Organizational Behavior and Human Decision Processes*, Elsevier, 137, 207-217。

[10.] Galinsky, A. D., Seiden, V., Kim, P. H. & Medvec, V. H. (2002). The dissatisfaction of having your first offer accepted: The role of counterfactual thinking in negotiations. *Personality and Social Psychology Bulletin*, 28, 271-83。

[11] Loewenstein, G. F., Thompson, L. L., & Bazerman, M. H. (1989). Social utility and decision making in interpersonal contexts. *Journal of Personality and Social Psychology*, 57, 426–441。

[12] Shih, H-L. (2014). *Emotional Ambivalence in Negotiation: The Impact of Information Search on Integrative and Distributive Outcomes*, unpublished doctoral dissertation, National Taiwan University.

[13] Bazerman, M. H., & Gillespie, J. J. (1999). Betting on the future: The virtues of contingent contracts. *Harvard Business Review*, 77, 155-160。

[14] Wheeler, M. (2013). *The Art of Negotiation*. New York, NY: Simon & Schuster。

[15] Fisher, R., Ury, W., & Patton, B. (1997). *Getting to Yes: Negotiating an Agreement without giving in*. (2nd edition), New York: Penguin. (《哈佛這樣教談判力》。劉慧玉譯，遠流出版社，2013 年)。

[16] Güth, W., Schmittberger, R., & Schwarze, B. (1982). An experimental analysis of ultimatum bargaining. *Journal of Economic Behavior & Organization*, 3, 367–388。

[17] Keltner, D., Gruenfeld, D. H., & Anderson, C. (2003). Power, approach, and inhibition. *Psychological Review*, 110, 265–284。

[18] Galinsky, A. D., Gruenfeld, D. H., & Magee, J. C. (2003). From Power to Action. *Journal of Personality and Social Psychology*, 85, 453–466。

[19] Cameron, A., & Galinsky, A. D. (2006). Power, optimism, and risk-taking. *European Journal of Social Psychology*, 36, 511–536。

[20] Ury, W. L., Brett, J. M., & Goldberg, S. B. (1988). *Getting Disputes Resolved*. San Francisco, CA: Jossey Bass, Inc。

[21] Carr, A. Z. (1968). Is business bluffing ethical? - The ethics of business are not those of society, but rather those of the poker game. *Harvard Business Review*, 46, 143–153。

[22] Tenbrunsel, A. E. (1998). Misrepresentation and expectations of misrepresentation in an ethical dilemma: The role of incentives and temptation. *Academy of Management Journal*, 41, 330–339。

參考資料

[1] 有興趣閱讀談判理論的讀者，可參考以下書籍：Lewicki, R. L., Bruce, B., Minton, J. W., Saunders, D. M. (2005). *Negotiation* (5th ed.). McGraw-Hill Education.（《談判學》，7 版，鐘從定譯，華泰，2017 年）。

[2] 此書最先出版於 1981 年，於 1991 年再版。Fisher, R., & Ury, W. (1981, 1991). *Getting to Yes: Negotiating an Agreement without Giving in*. Boston: Houghton Mifflin. 其後，加入第三作者（B. Patton）並加以改版，目前中譯版譯自 1997 年版（《哈佛這樣教談判力》，劉慧玉譯，遠流出版社，2013 年）。

[3] Locke, E., A. (1978). The ubiquity of the technique of goal setting in theories of and approaches to employee motivation. *Academy of Management Review*, 3, 594-601。

[4] Oliver, R. L., Balakrishnan P. V. S. & Barry, B. (1994). Outcome satisfaction in negotiation: A test of expectancy disconfirmation, *Organizational Behavior and Human Decision Processes*, 60, 252-275。

[5] Raiffa, H. (1982). *The Art and Science of Negotiation*. Cambridge, Massachusetts: Harvard University Press。

[6] 此概念源自早期的文章，見 Gouldner, A. W. (1960). The norm of recoprocity: A preliminary statement. *American Sociological Review*, 25, 161–178。

[7] Malhotra, D. & Bazerman, M. H. (2008). *Negotiation Genius*, New York, NY: Bantam Dell Pub Group。

[8] Beggan, J. (1992). On the social nature of nonsocial perception: The mere ownership effect. *Journal of Personality and Social Psychology*. 62, 229–237。

[9] Mandel, D. R. (2006). Economic transactions among friends: Asymmetric generosity but not agreement in buyers' and sellers' offers, *Journal of Conflict Resolution*, 50, 584-606。

創新觀點

正向談判：臺大管院教授教你善用借位思考，打破僵局達成目標

2022年8月初版 定價：新臺幣350元
2024年3月初版第三刷

著者 戚樹誠
叢書編輯 連玉佳
校對 吳欣怡
陳冠豪
內文排版 李信慧
封面設計 Lucace workshop.
盧卡斯工作室

出版者 聯經出版事業股份有限公司
地址 新北市汐止區大同路一段369號1樓
叢書編輯電話 (02)86925588轉5395
台北聯經書房 台北市新生南路三段94號
電話 (02)23620308
郵撥電話 (02)23620308
印刷者 文聯彩色製版印刷有限公司
總經銷 聯合發行股份有限公司
發行所 新北市新店區寶橋路235巷6弄6號2樓
電話 (02)29178022

副總編輯 陳逸華
總編輯 涂豐恩
總經理 陳芝宇
社長 羅國俊
發行人 林載爵

行政院新聞局出版事業登記證局版臺業字第0130號

本書如有缺頁，破損，倒裝請寄回台北聯經書房更換。 ISBN 978-957-08-6435-9 (平裝)
聯經網址：www.linkingbooks.com.tw
電子信箱：linking@udngroup.com

國家圖書館出版品預行編目資料

正向談判：臺大管院教授教你善用借位思考，打破僵局達成目標/戚樹誠著．初版．新北市．聯經．2022年8月．288面．14.8×21公分（創新觀點）
ISBN 978-957-08-6435-9（平裝）
[2024年3月初版第三刷]

1.CST：談判 2.CST：談判理論 3.CST：談判策略

177.4 111010814